AF359424

MANUEL

DE

L'AMATEUR DE BILLARD.

MANUEL

DE

L'AMATEUR DE BILLARD,

OU

Tableau figuratif indiquant la manière d'exécuter les principaux coups que l'on est susceptible de jouer ; en examinant la position des billes, et en touchant aux endroits marqués, on obtiendra tous les coups figurés ;

PAR

LOUIS BEDOC,

Un des premiers joueurs de Paris.

SUIVI

DES RÈGLES DU JEU DE BILLARD,

Revues et corrigées par MM. L... M... D...

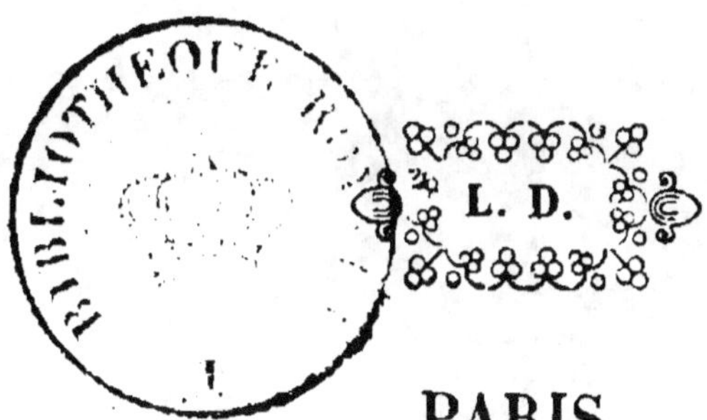

PARIS.

CHEZ **DANLOS**, ÉDITEUR,

MARCHAND D'ESTAMPES ET DE CARTES GÉOGRAPHIQUES
QUAI MALAQUAIS, 1.

—

1841.

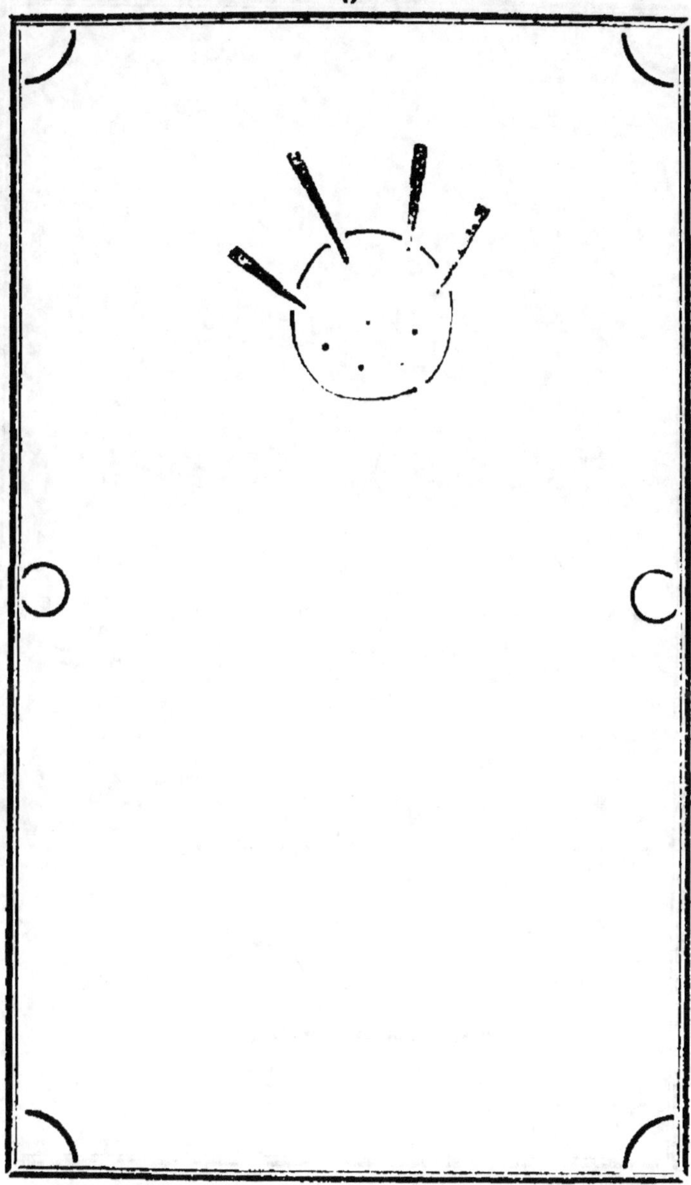

Pour masser sa bille, il faut tenir la queue perpendiculairement. On ne doit la frapper que dans la
partie qui vous fait face ; si l'on frappait dessus, la
bille resterait en place. C'est le plus souvent quand
a bille à jouer touche la bande qu'il faut masser.

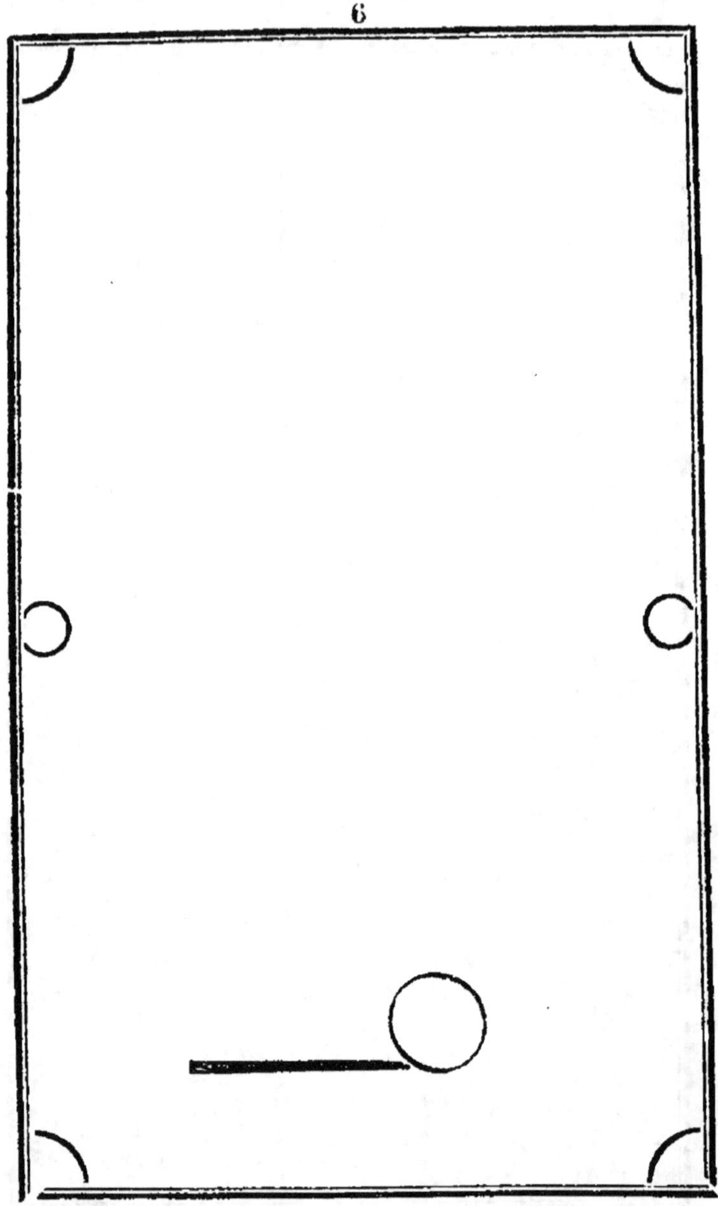

Pour faire reculer sa bille, la frapper très bas.
La queue à laquelle touche la bille est celle qu'il
faut jouer et l'endroit où il faut la frapper.

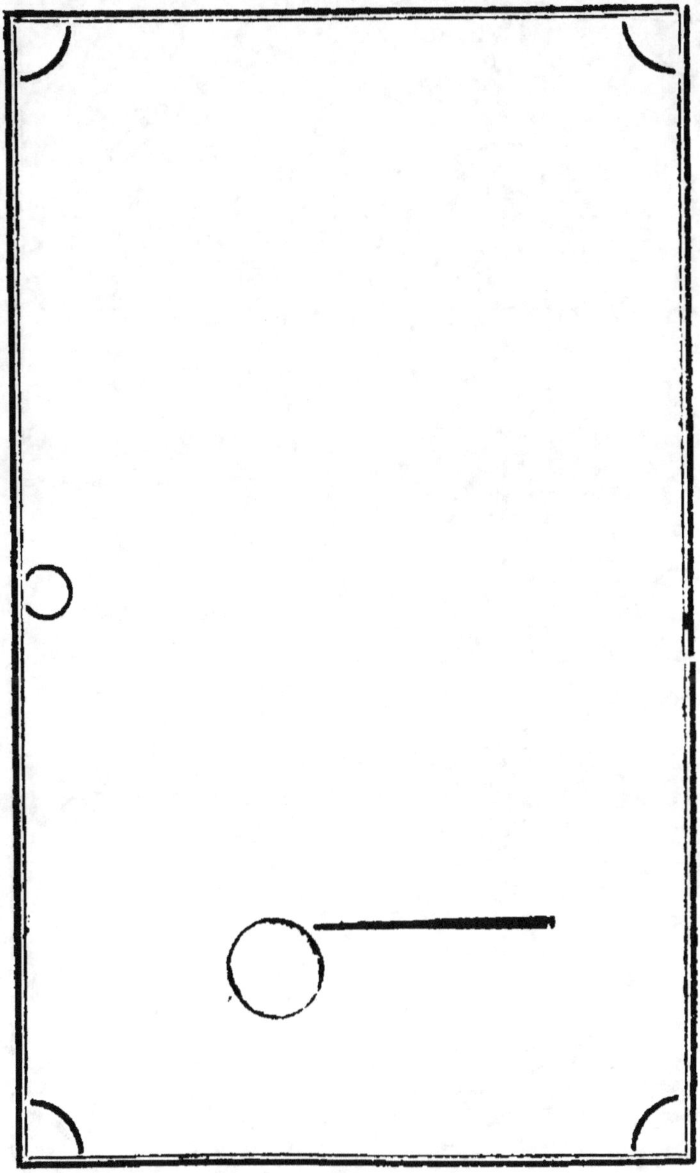

Pour faire suivre sa bille, il faut la frapper haut
et en tête. La ligne indique la marche de la bille
ouée, et la place où elle doit toucher.

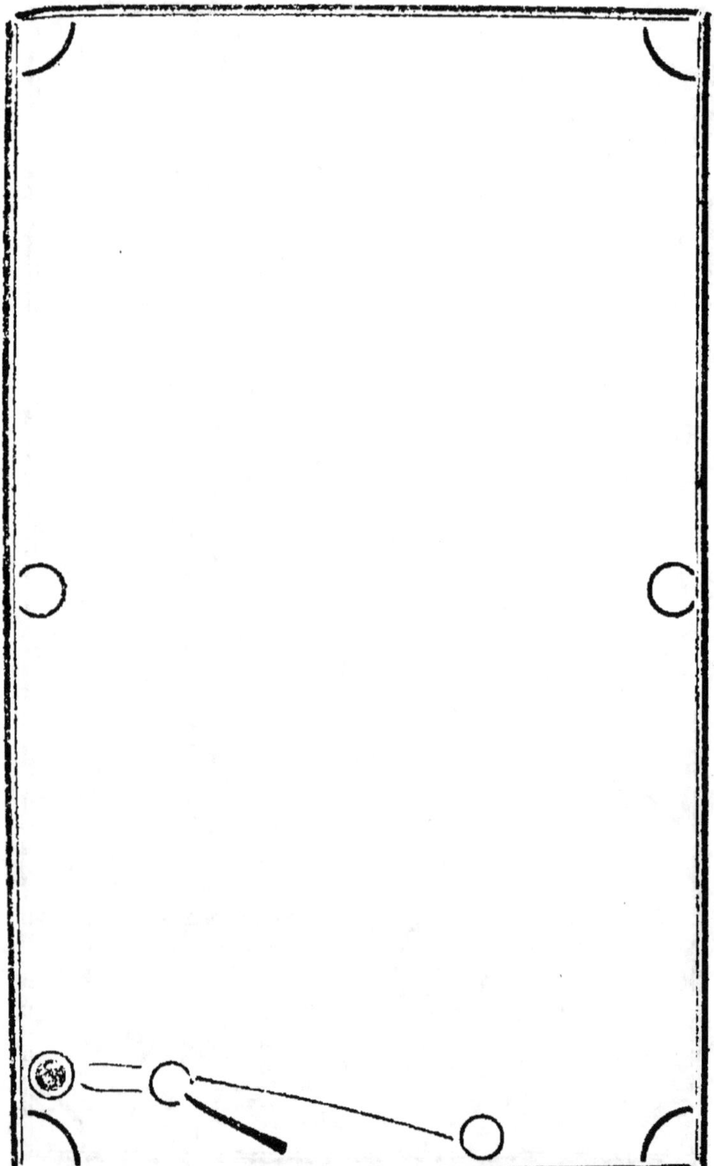

Frapper sa bille bas et au centre pour faire le coup de 7.

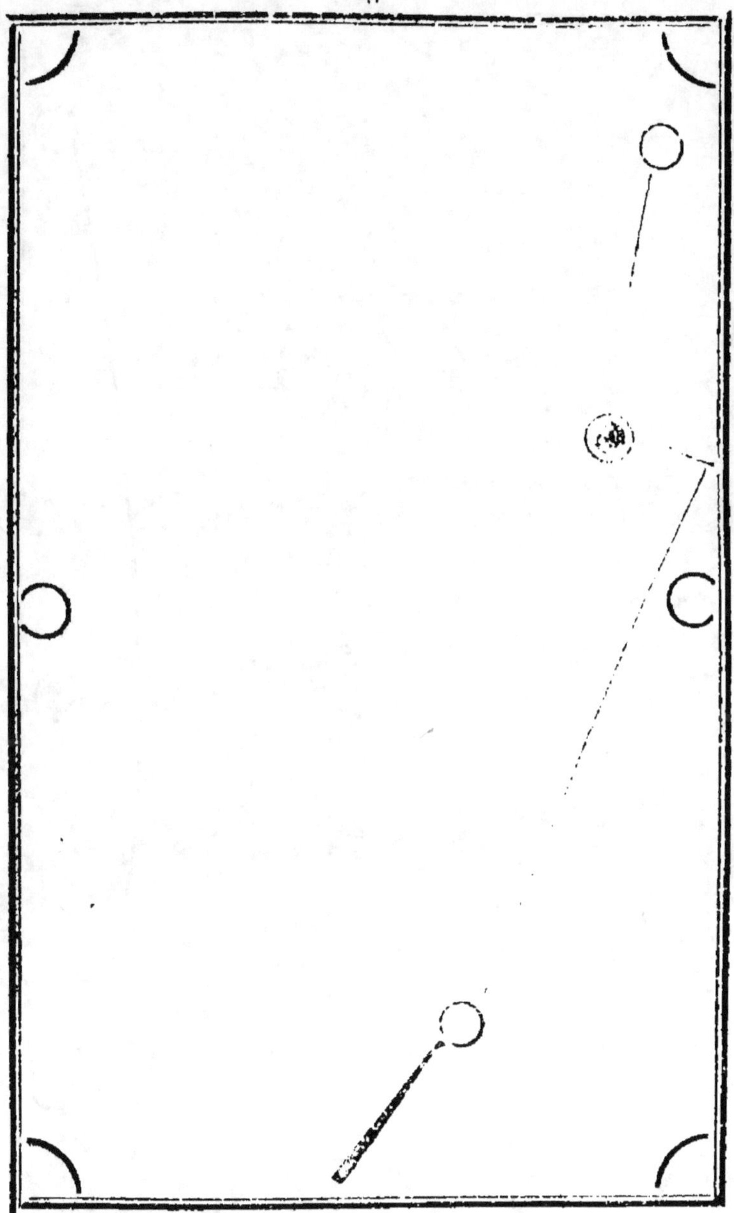

Frapper sa bille à gauche en tête; toucher la
bande la première pour faire le coup de 4.

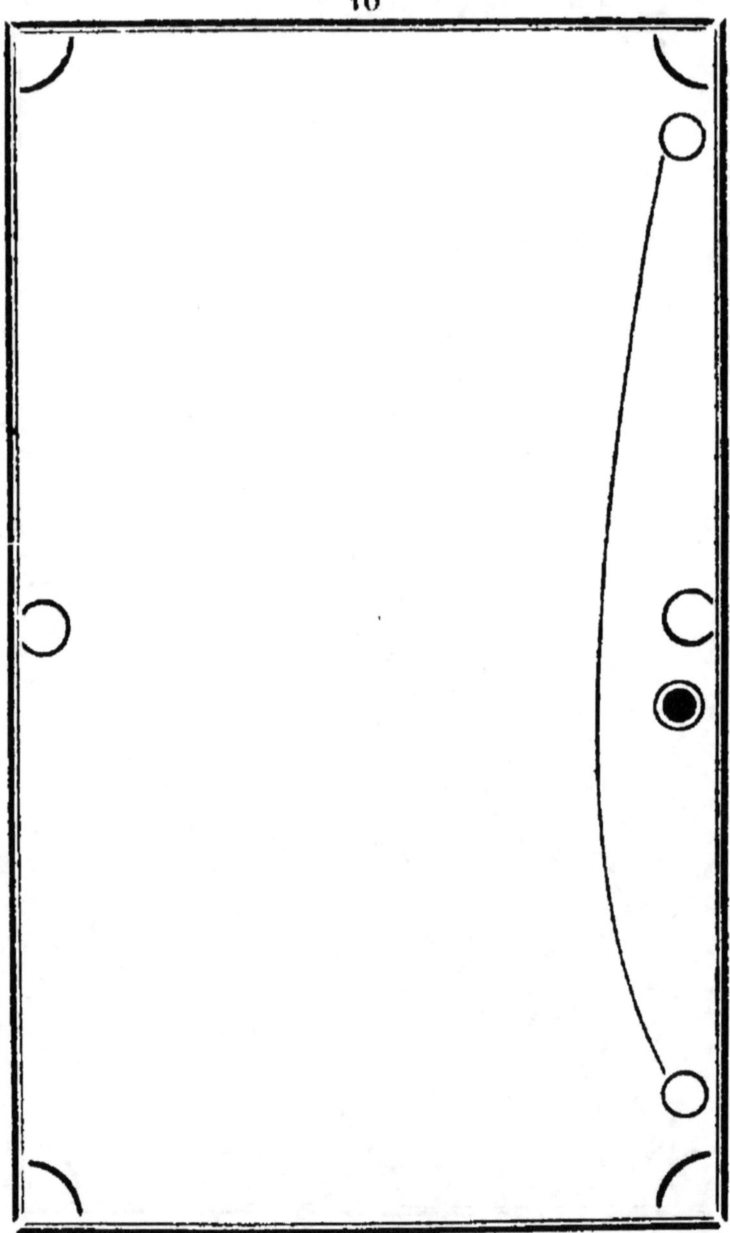

Frapper sa bille à droite et bas pour obtenir un demi-cercle et faire la bille dans le coin.

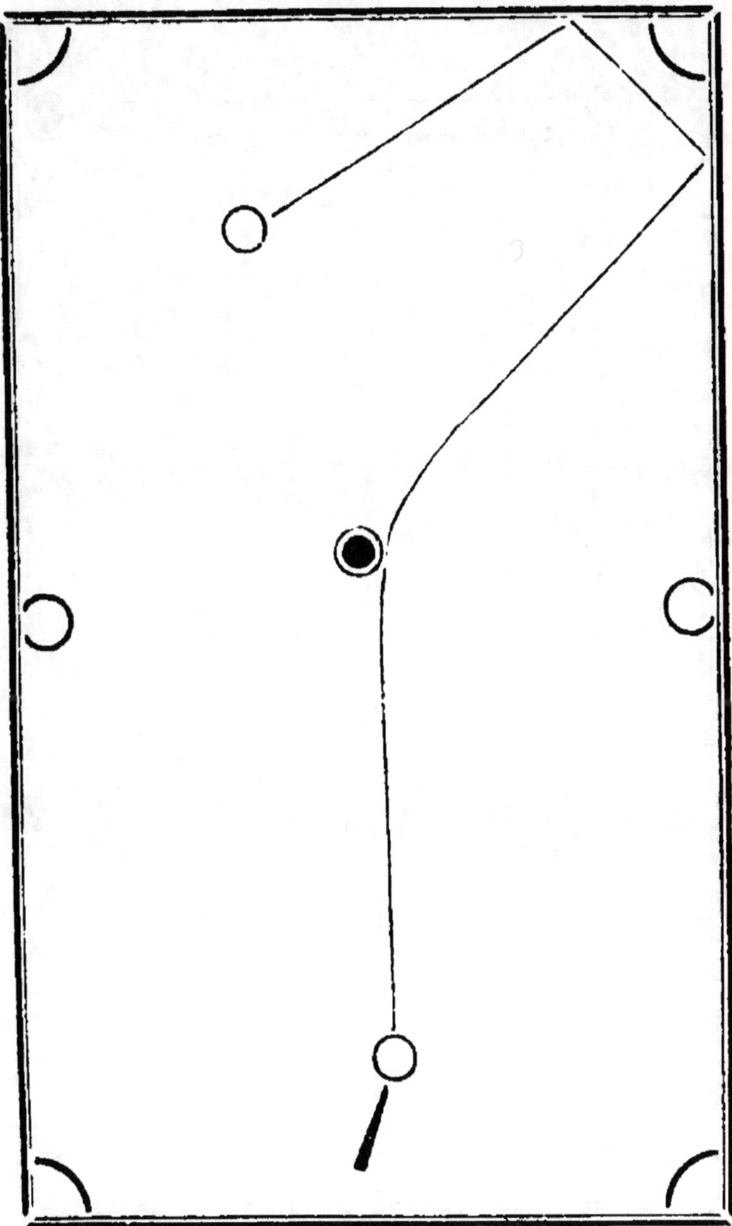

**Frapper sa bille à gauche en tête pour toucher es 2 bandes et revenir à gauche.

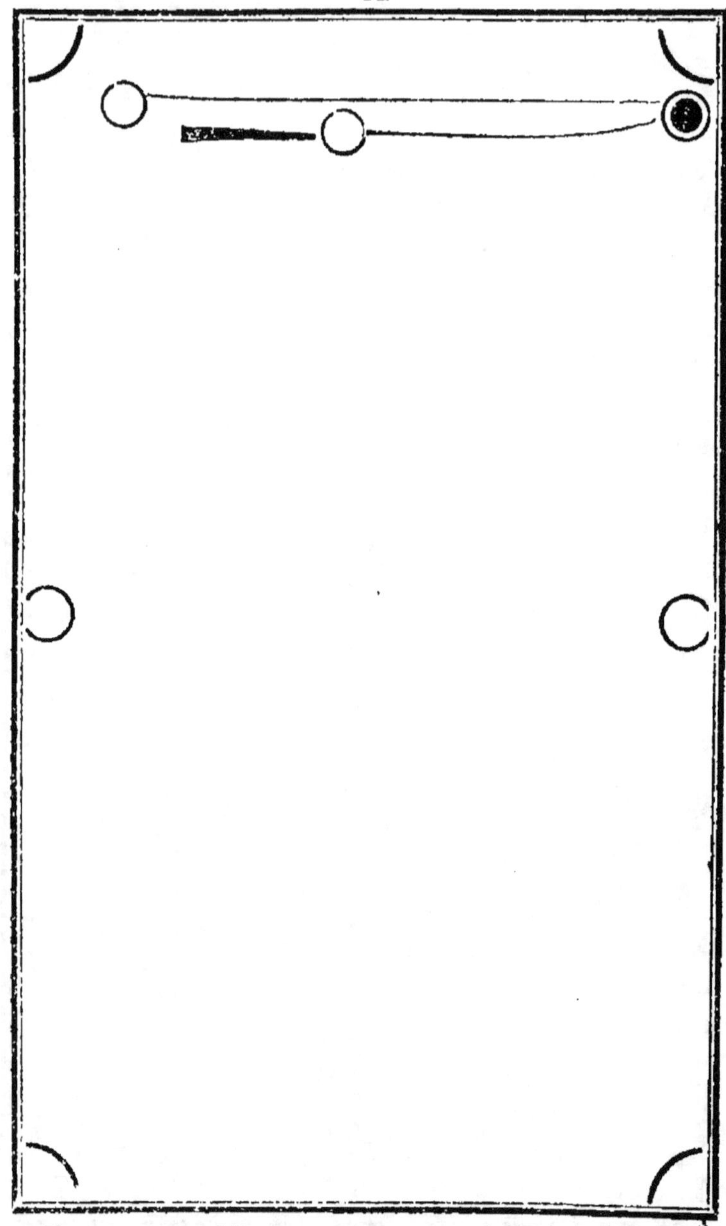

Frapper sa bille au centre et bas pour faire 5 points au doublé ou 7 au même.

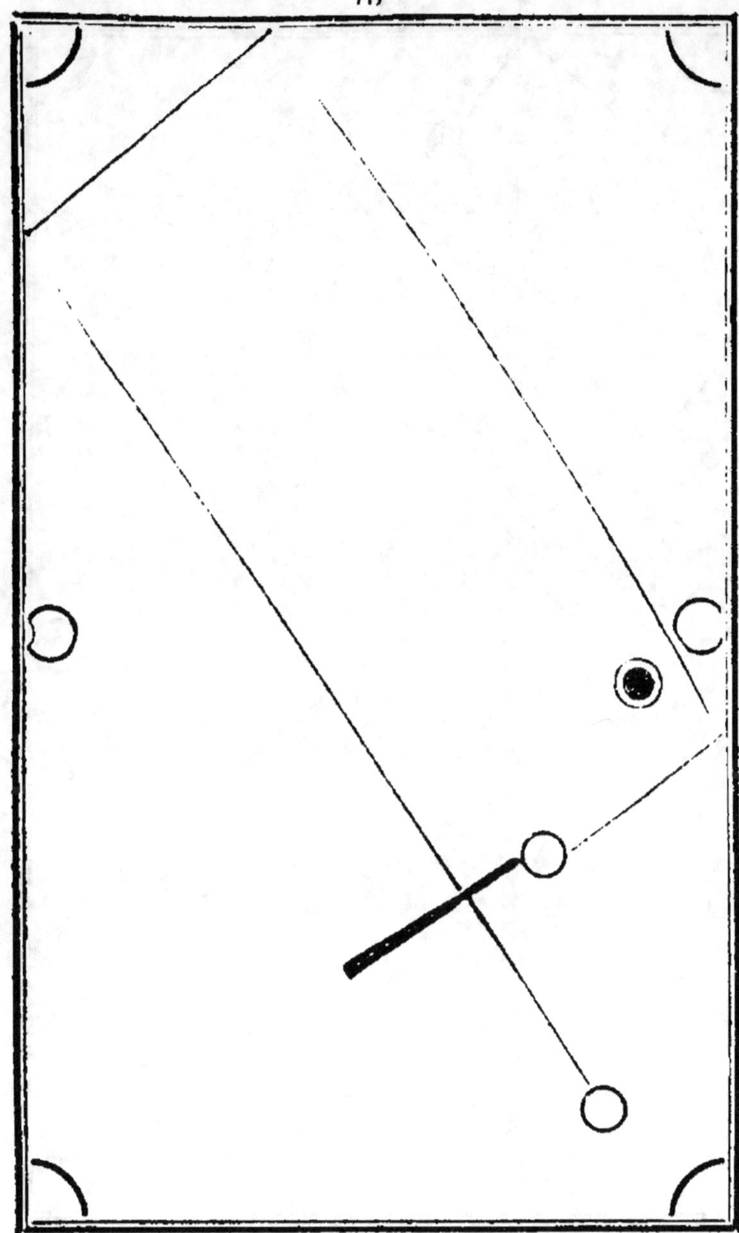

**Frapper sa bille à gauche, la bande la première
et toucher les 2 autres bandes pour revenir à droite**

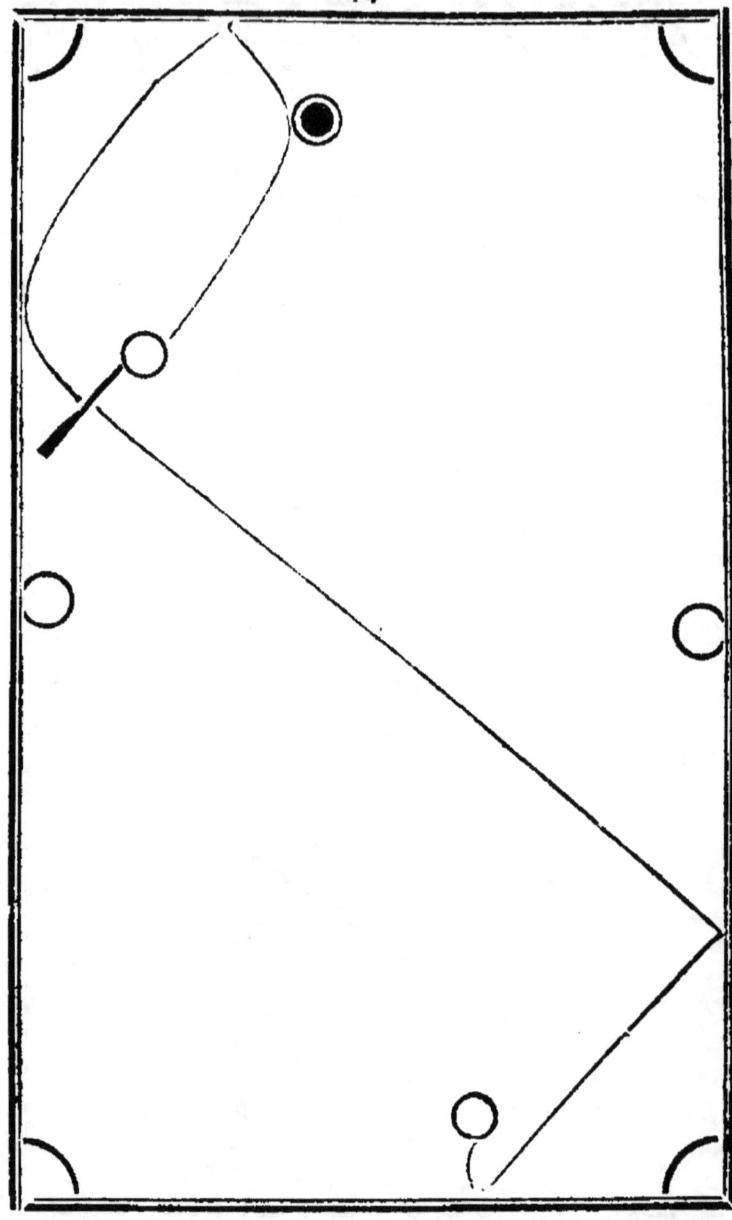

Frapper sa bille à gauche et bas pour la faire bien marcher et toucher les bandes pour revenir à droite.

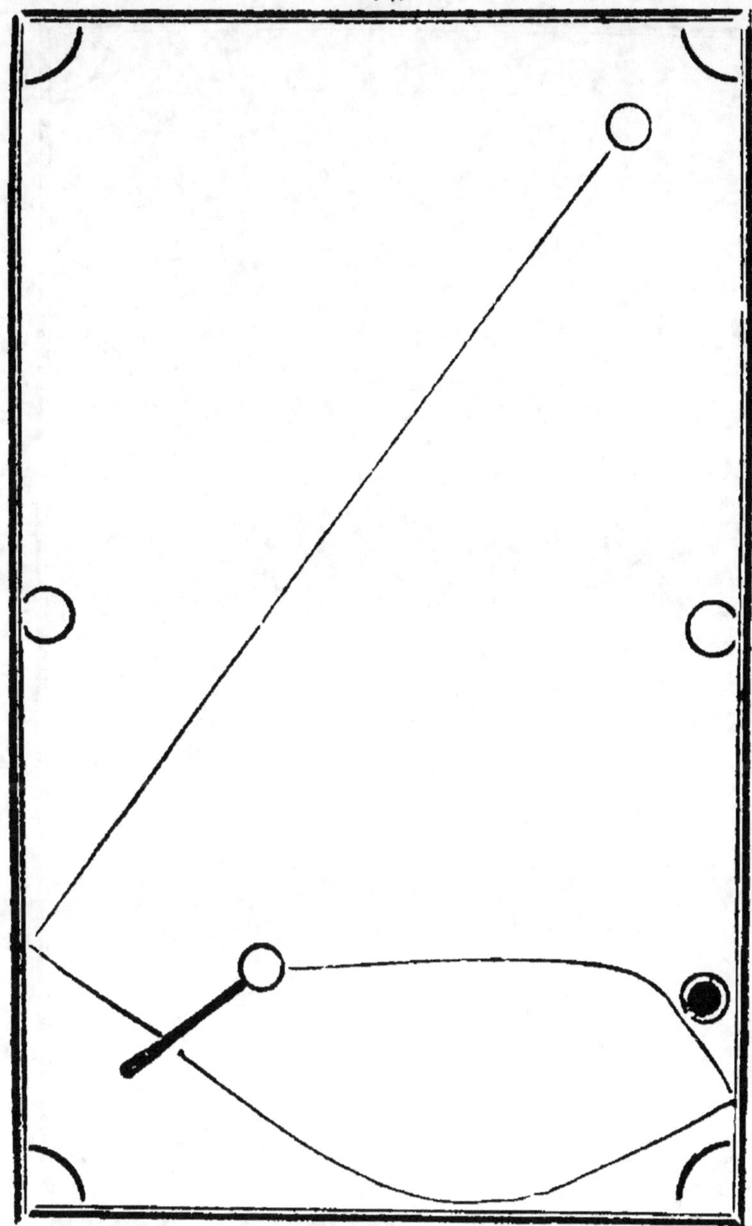

**Frapper sa bille à droite pour revenir à droite
par les 3 bandes.**

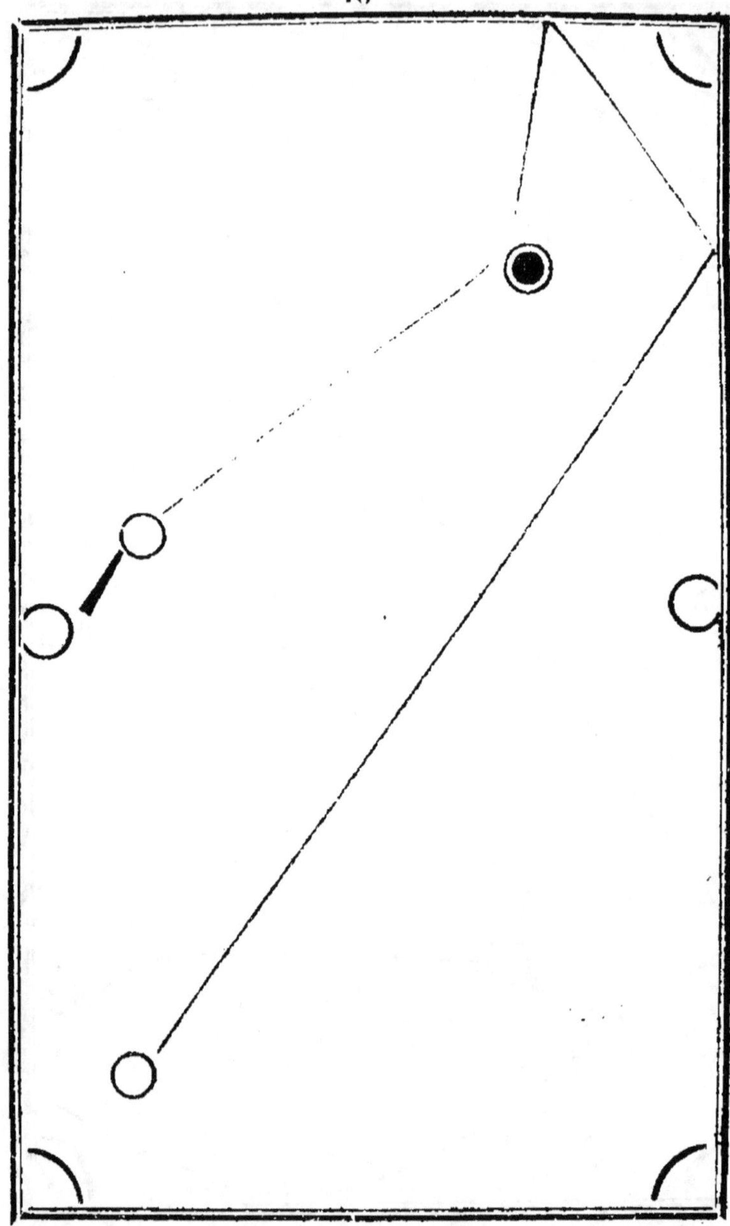

Frapper sa bi'le à droite en tête pou r revenir à
gauche.

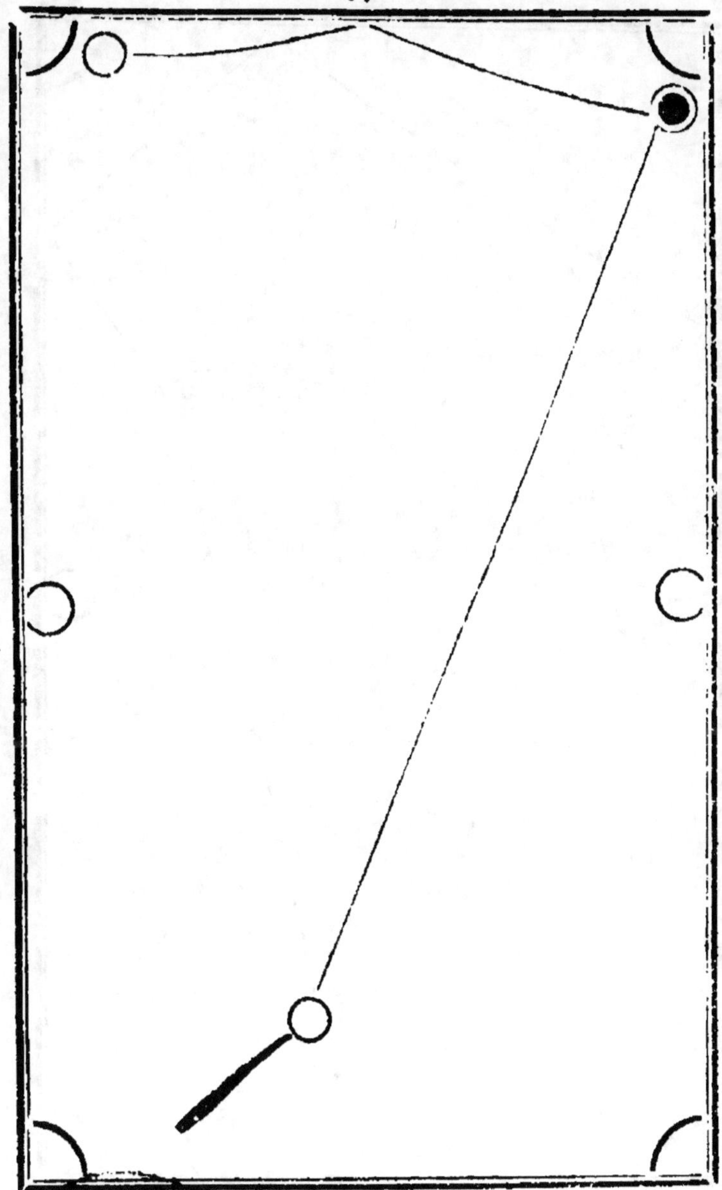

Frapper sa bille à gauche en tête, pour aller à
gauche et faire le coup de 7 au même.

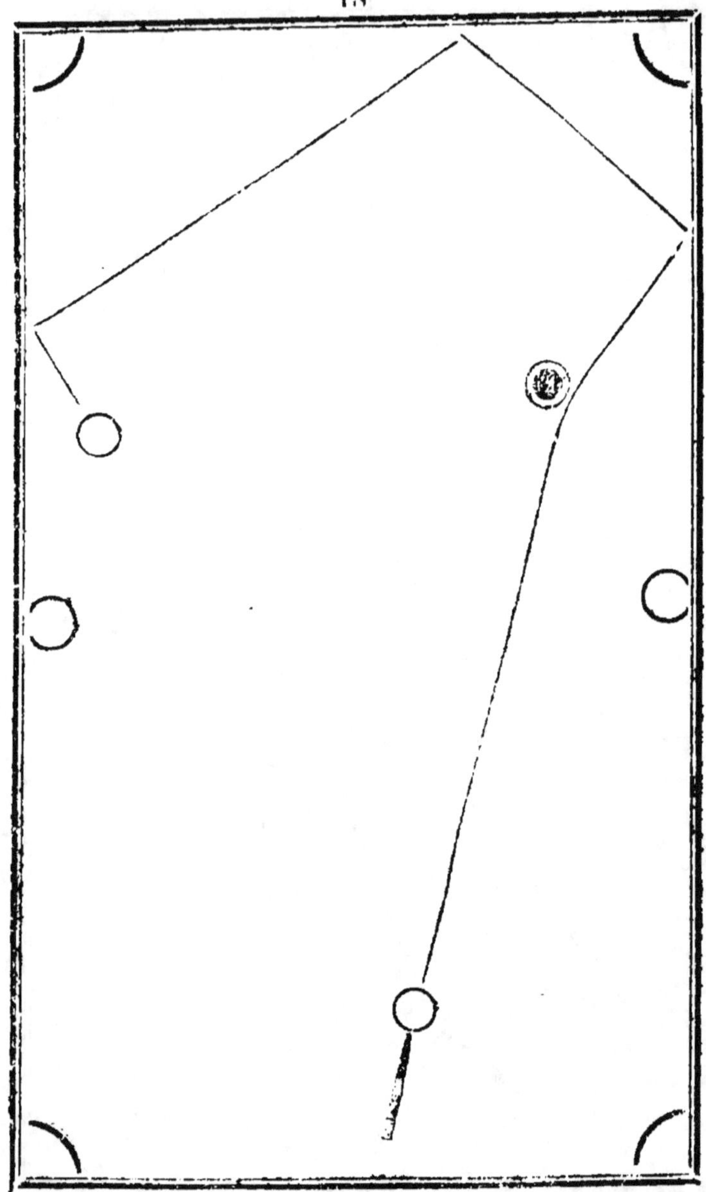

Frapper sa bille à gauche au centre pour toucher les 3 bandes.

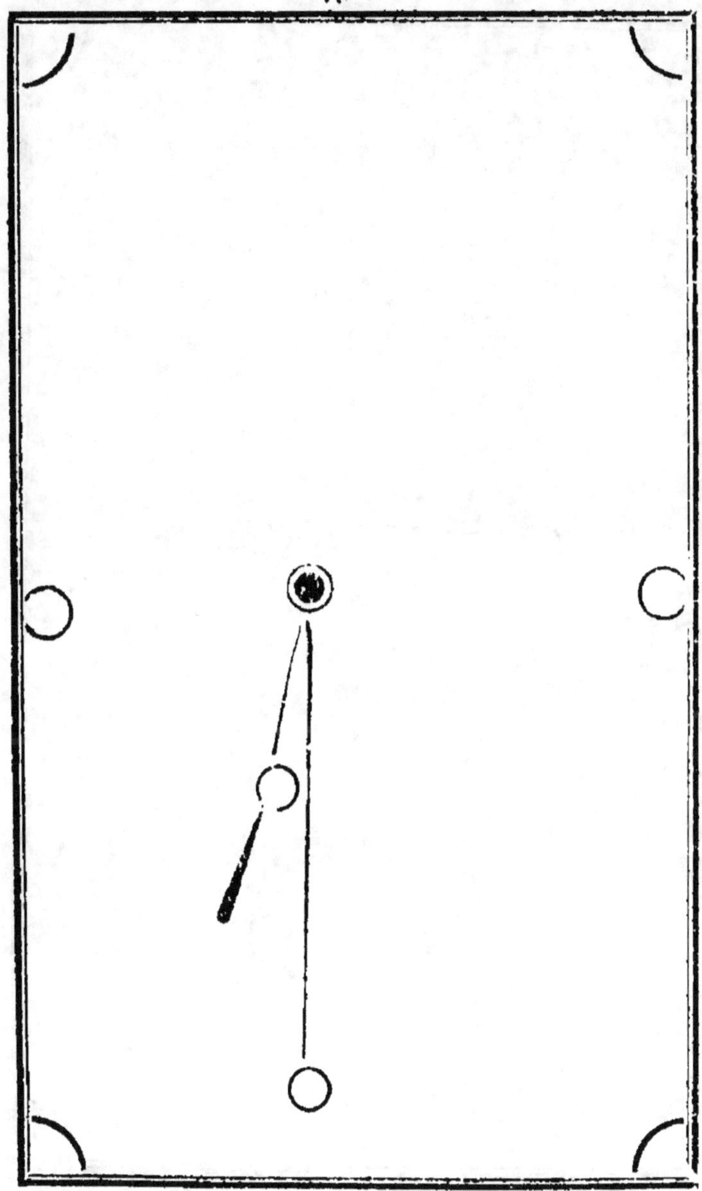

Frapper sa bille au centre et bas, pour la faire rétrograder par l'effet de queue.

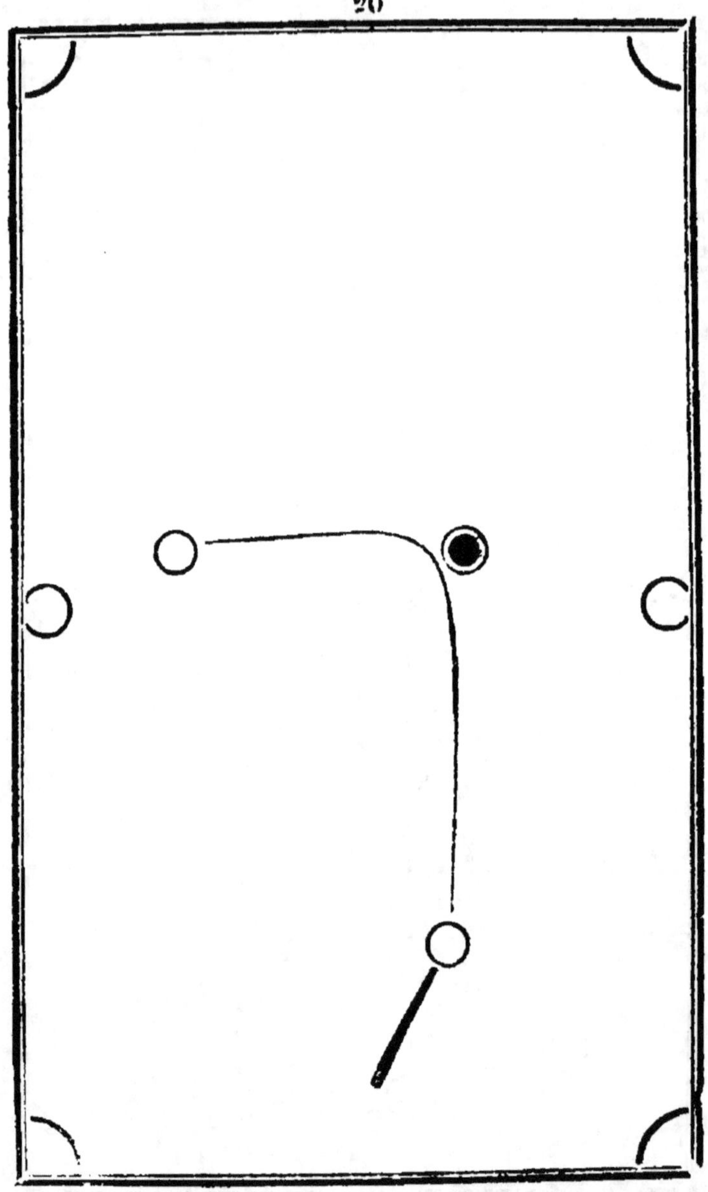

Frapper sa bille bas et un peu à gauche pour revenir à gauche.

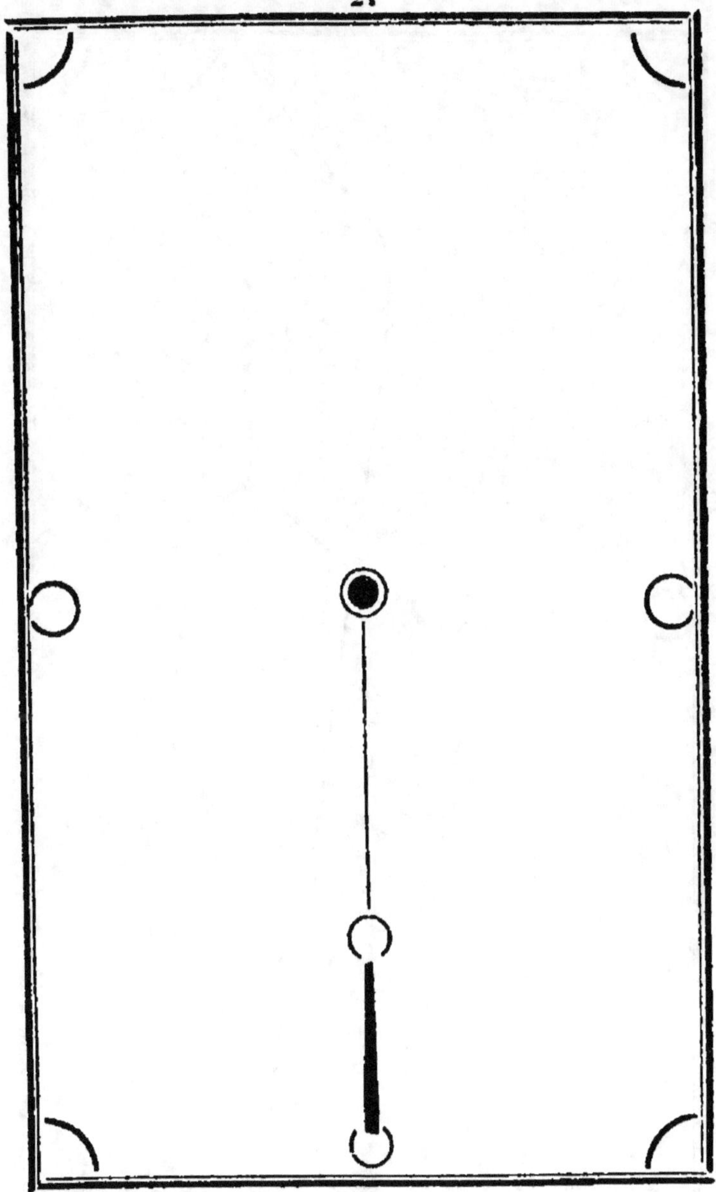

Frapper sa bille au centre bas et fort pour faire
effet de queue.

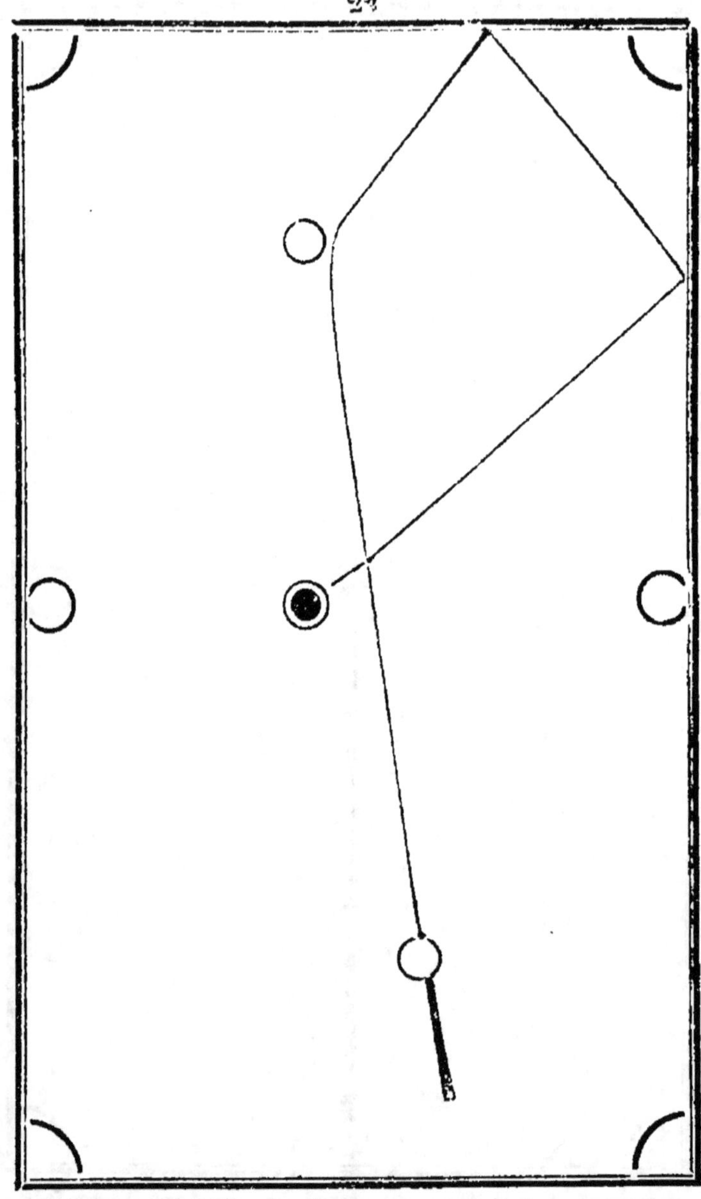

**Frapper sa bille à droite et au centre pour tou-
cher les 2 bandes et revenir à gauc**

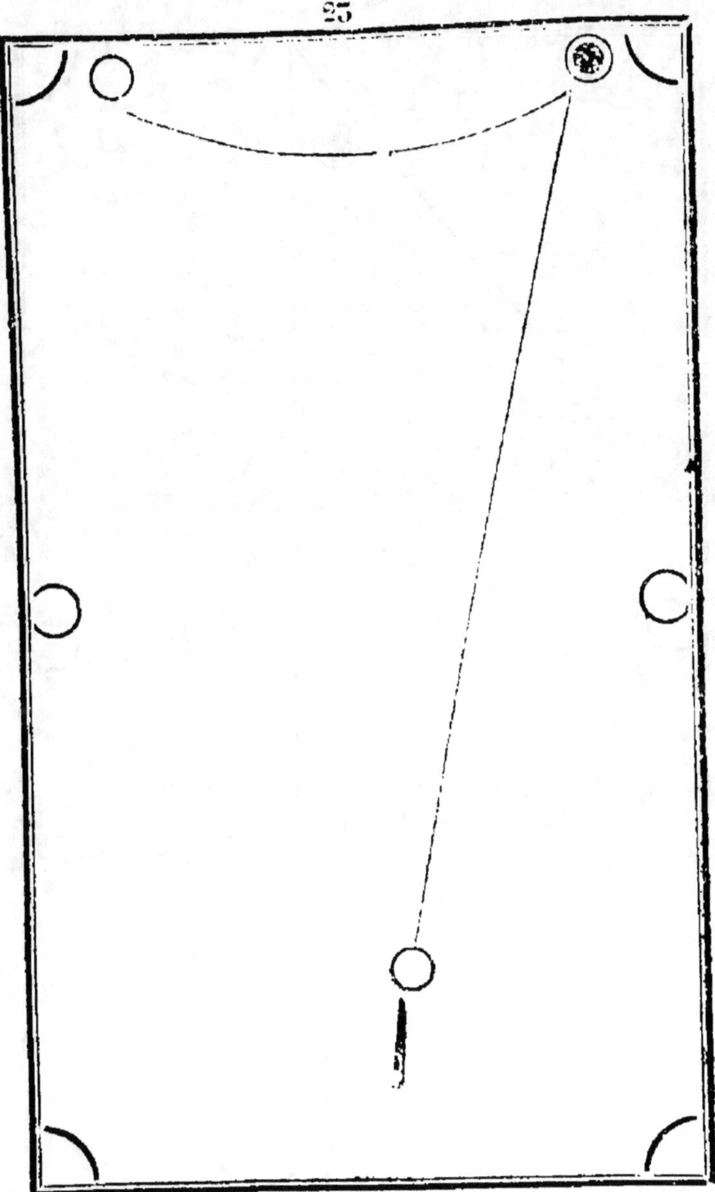

Frapper sa bille en tête, un peu à gauche et for t
pour obtenir le coup de 5.

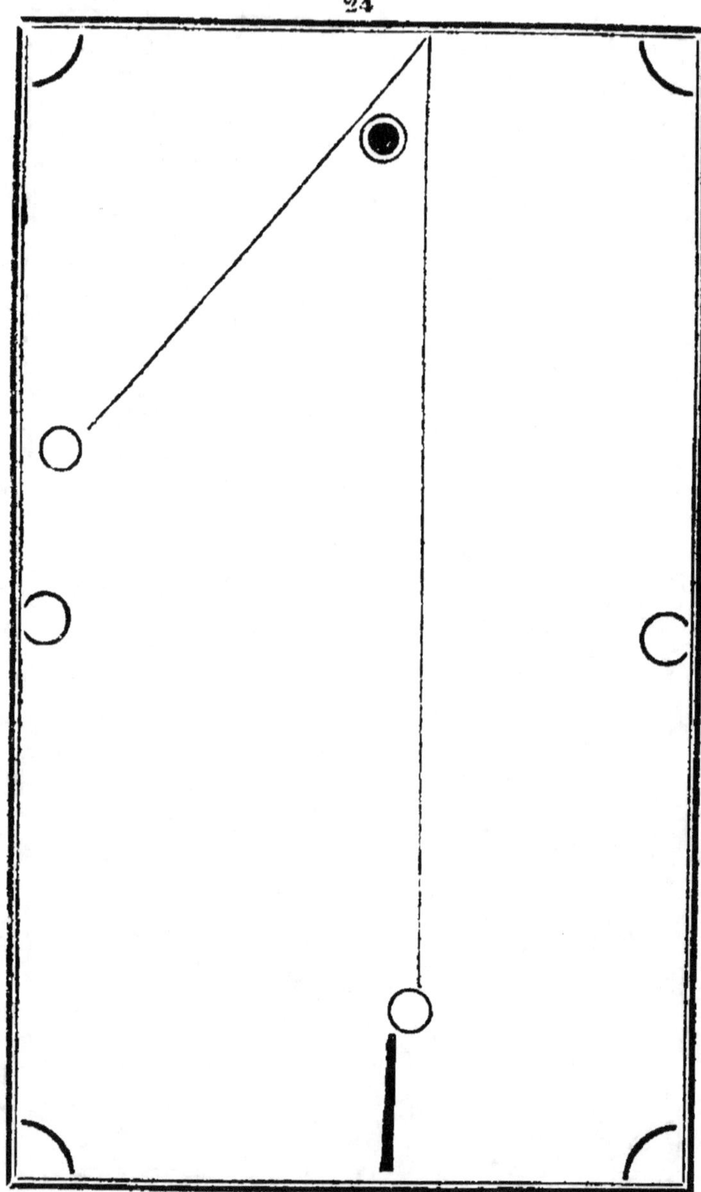

Frapper sa bille à gauche et toucher la bande la première pour revenir à gauche.

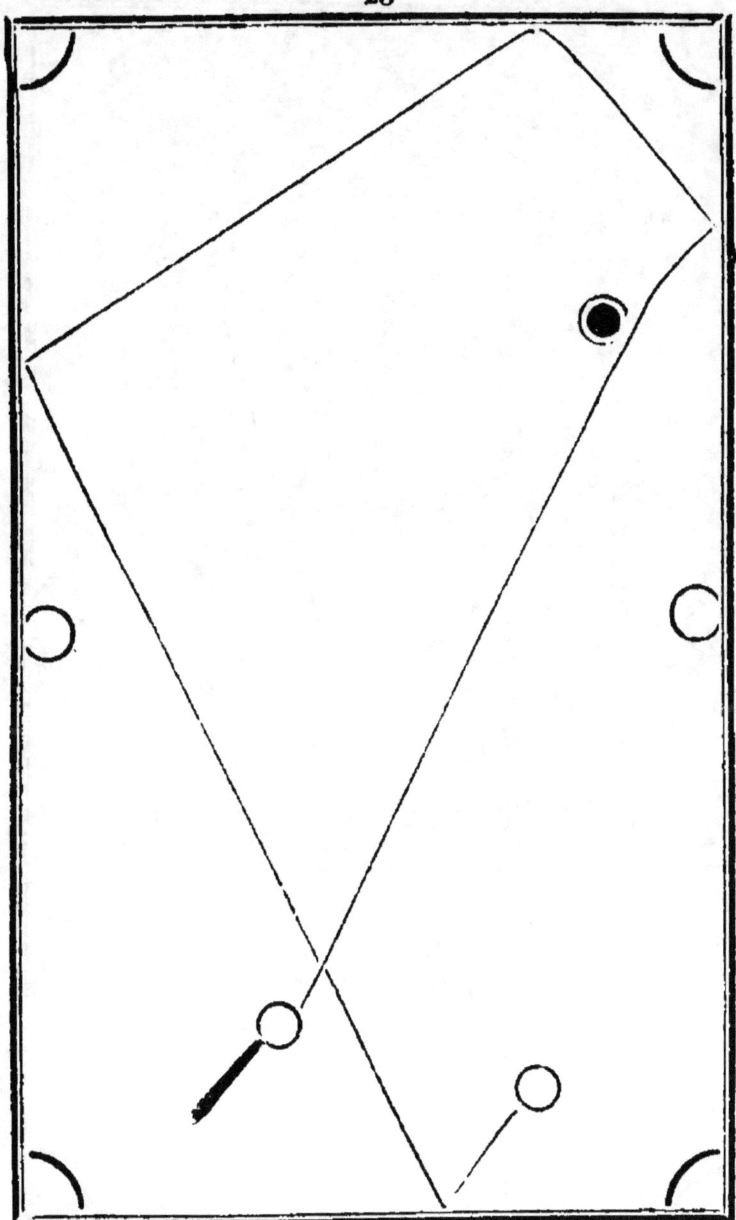

**Frapper sa bille à gauche pour obtenir l'effet des
4 bandes et revenir à droite.**

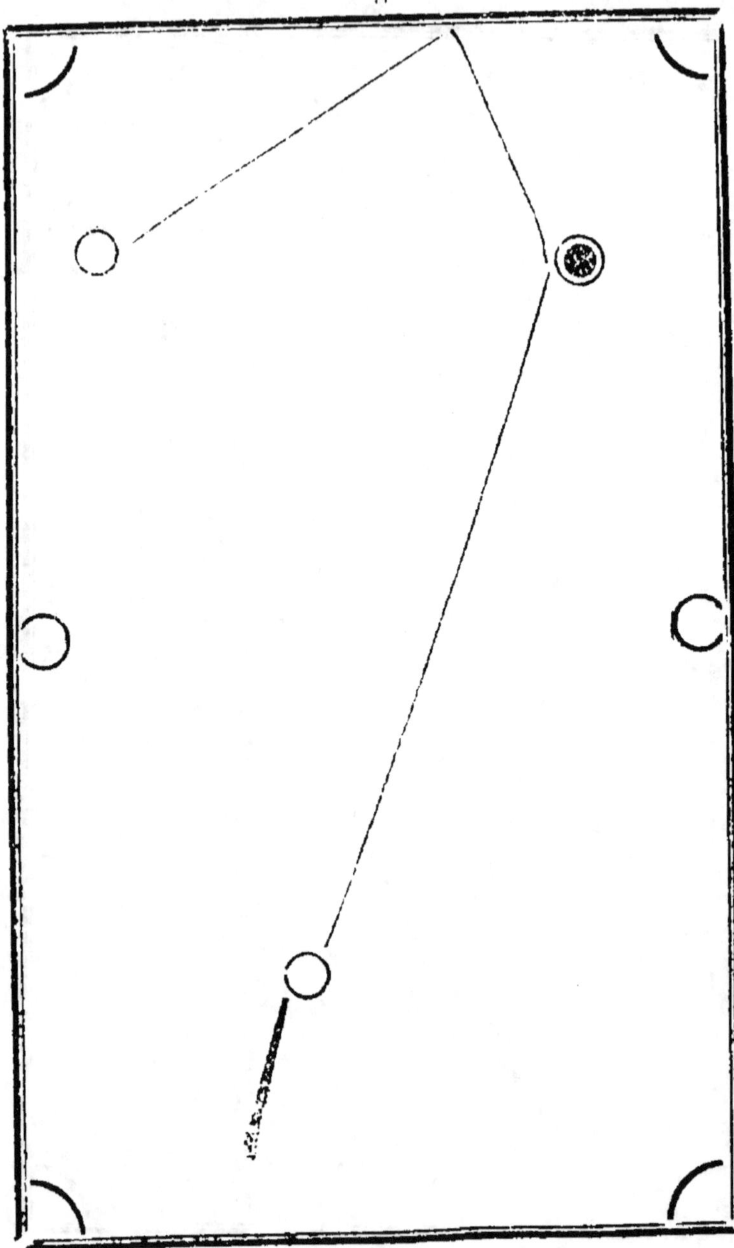

Frapper sa bille à gauche et au centre pour revenir à gauche.

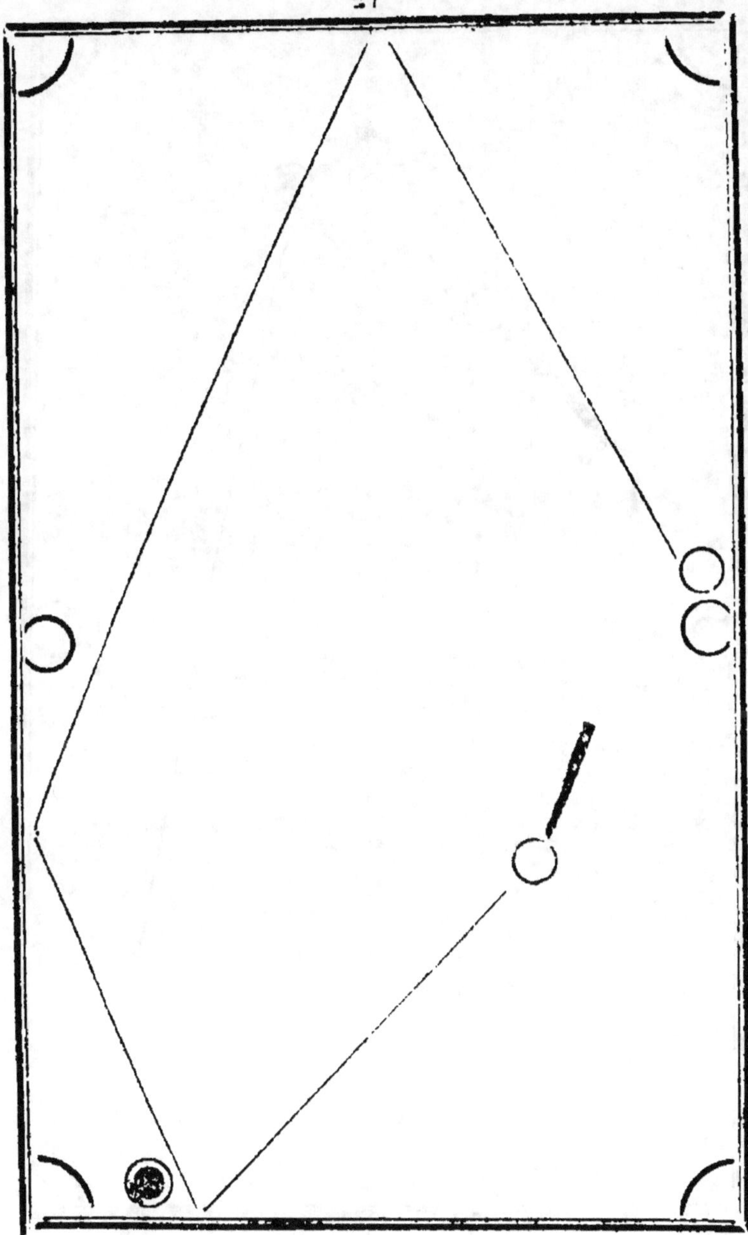

Frapper sa bille à droite entre bille et bande pour aire le coup de 7 au même.

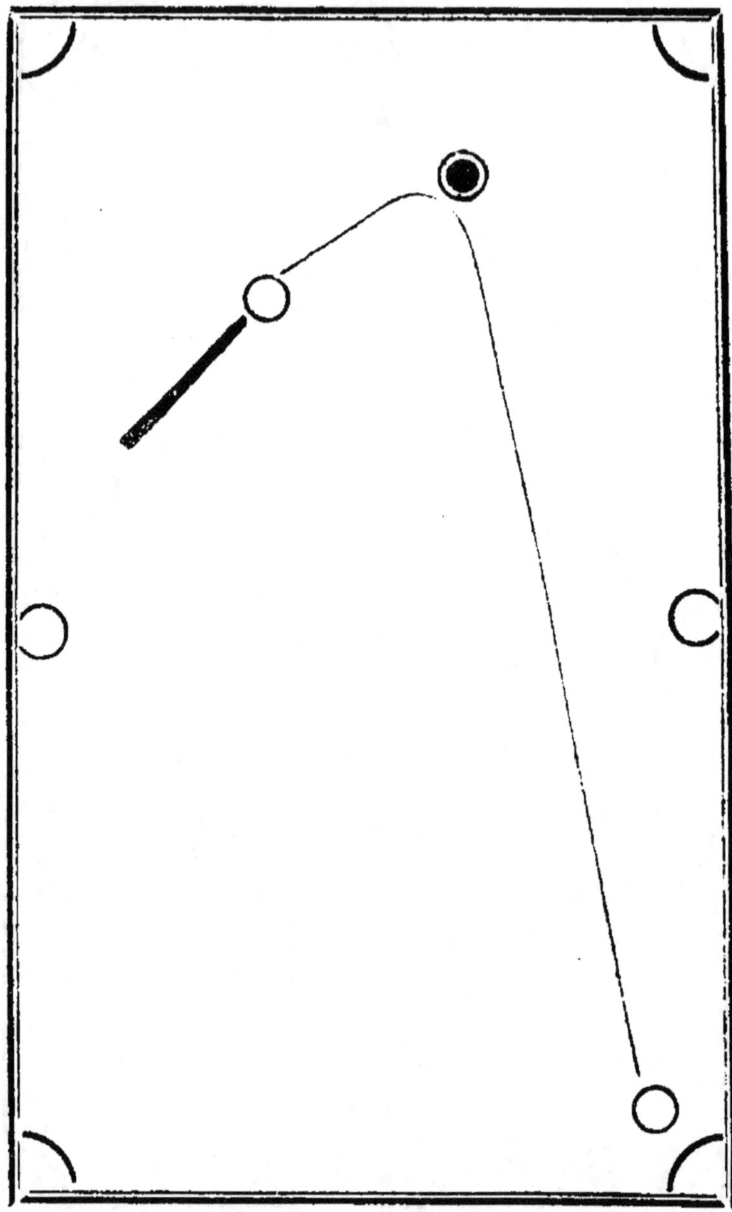

Frapper sa bille bas et à droite pour obtenir le coup de 7.

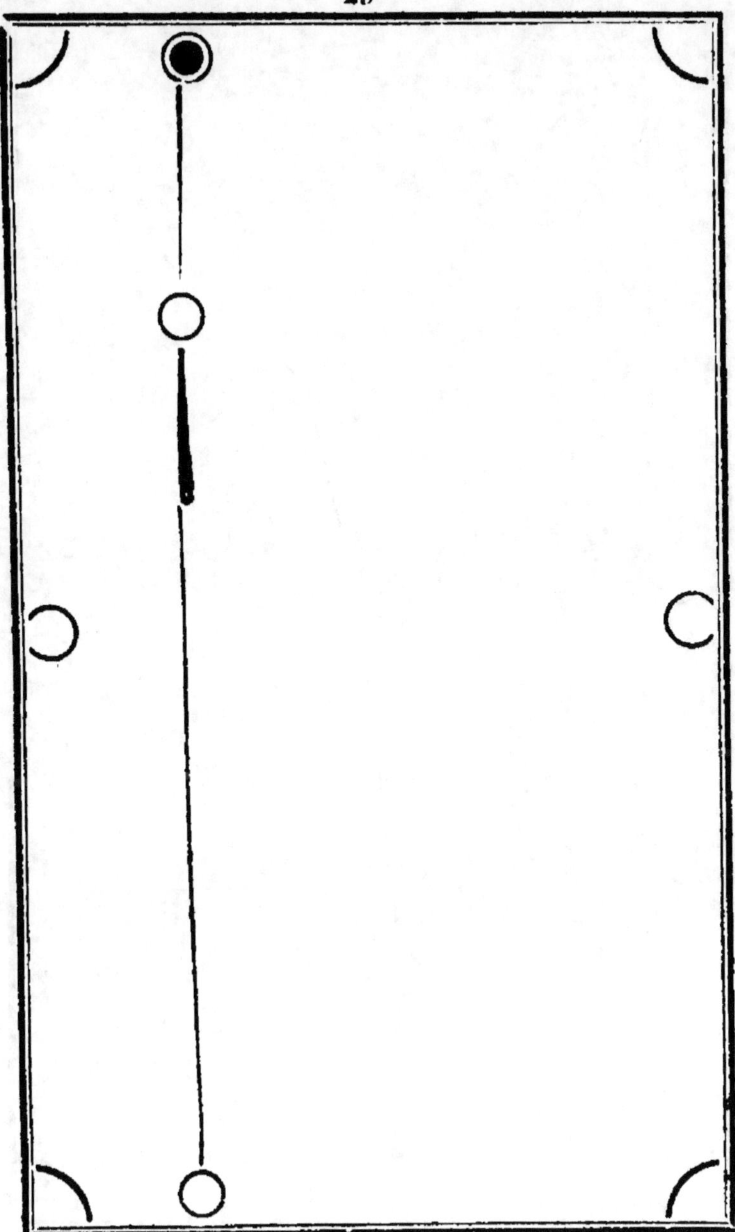

Frapper sa bille bas au centre, et fort, pour faire effet et la faire reculer.

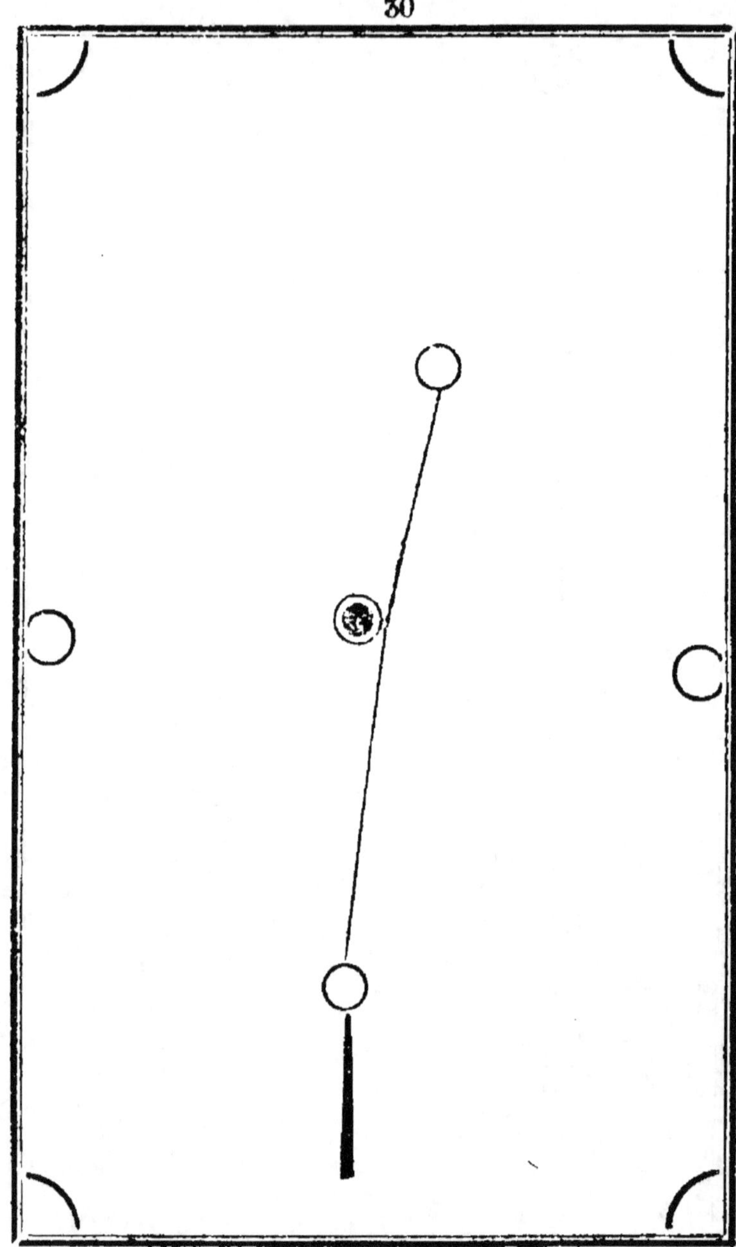

Frapper sa bille haut, un peu à gauche et au centre, pour faire suivre et obtenir la carambole.

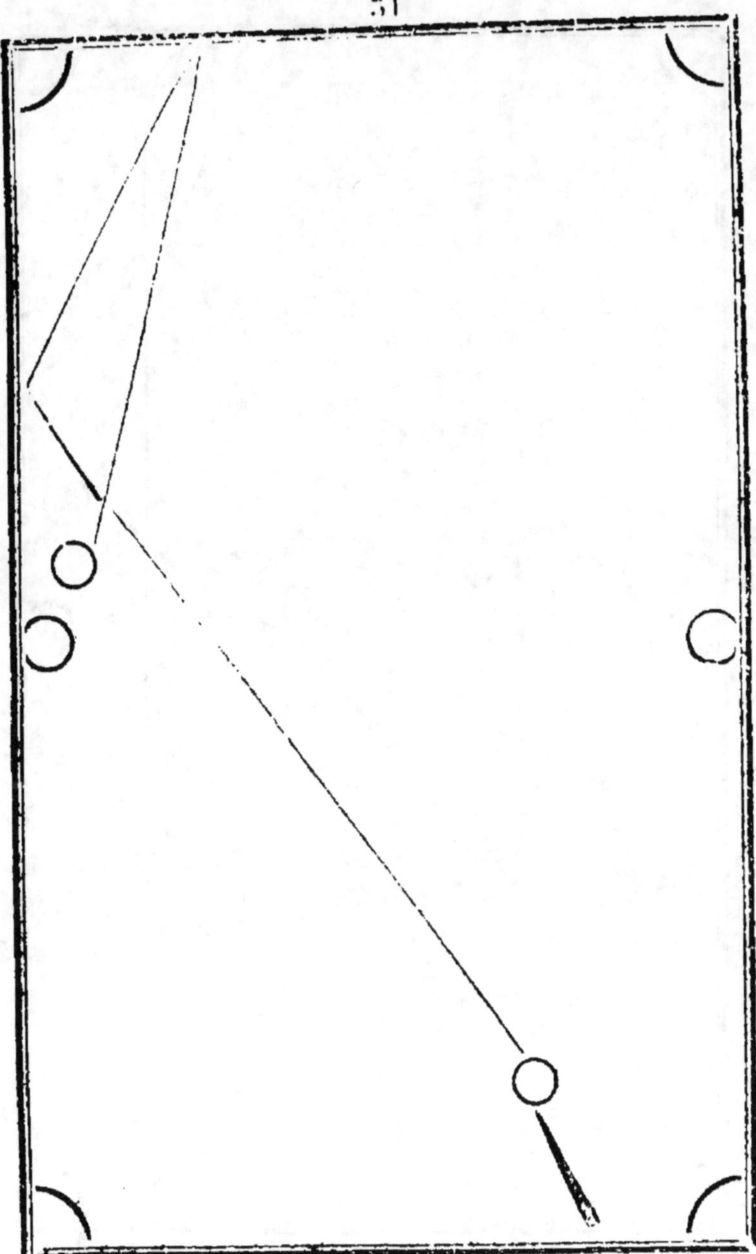

Frapper sa bille bas et la grande bande la première

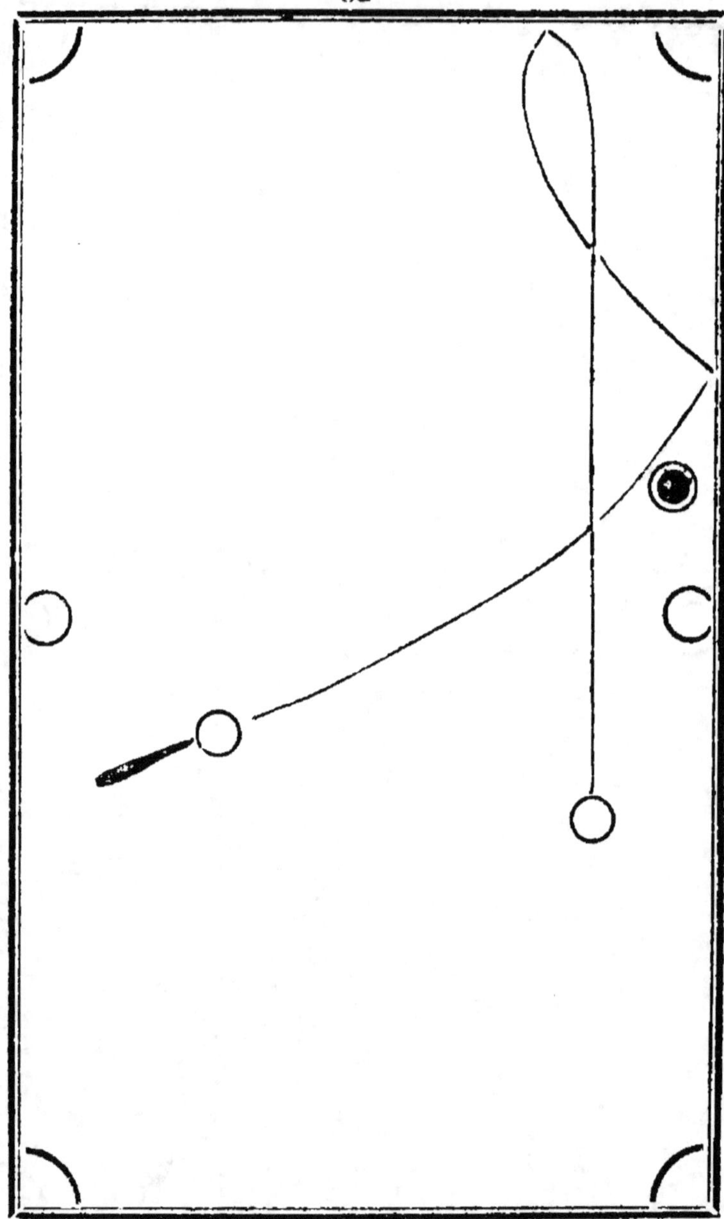

Frapper sa bille à droite pour revenir à droite par les 2 bandes.

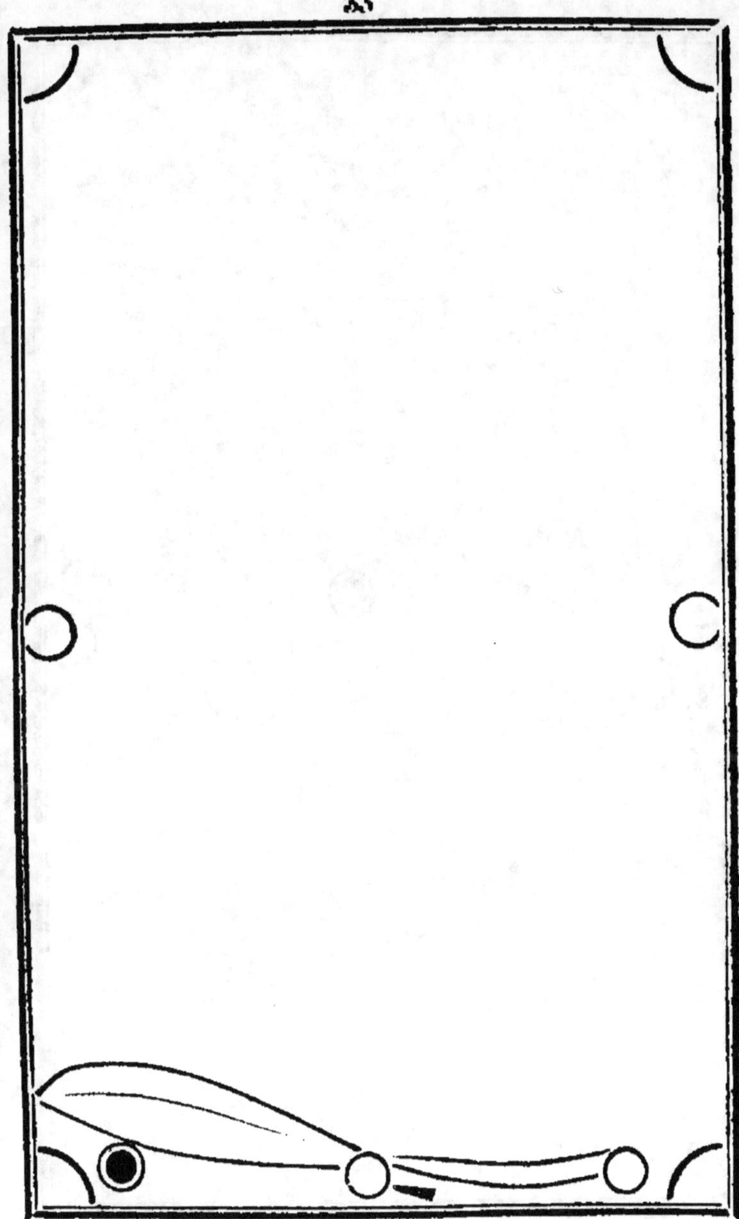

Frapper sa bille à gauche, la bande la première,
pour obtenir le coup de 4.

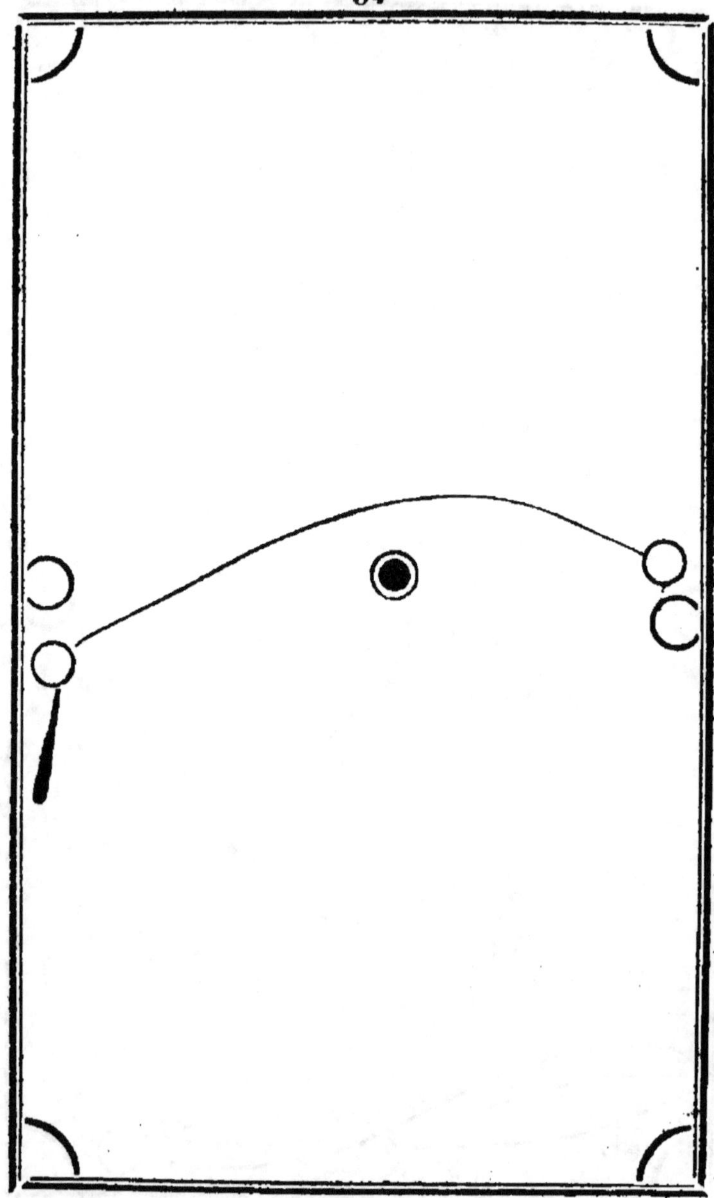

Frapper sa bille à droite pour retourner perpendiculairement et faire la bille.

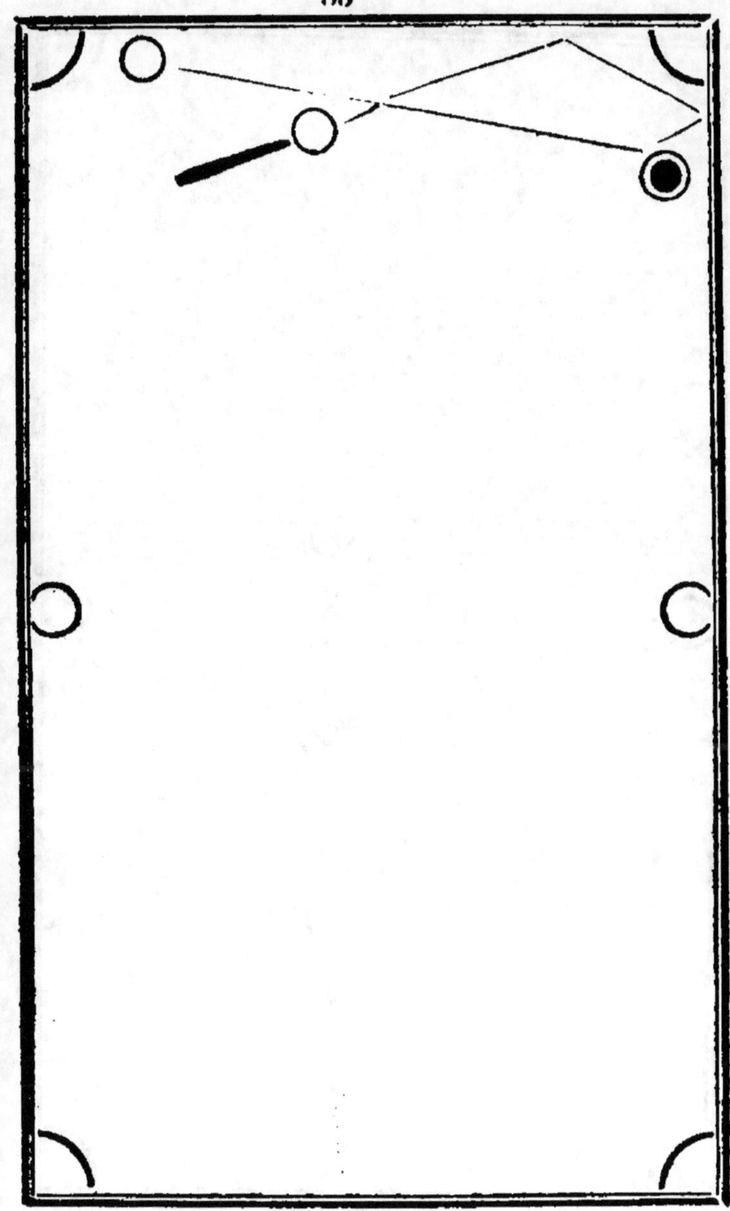

**Frapper sa bille a droite, pour toucher la bande
et obtenir le coup de 4**

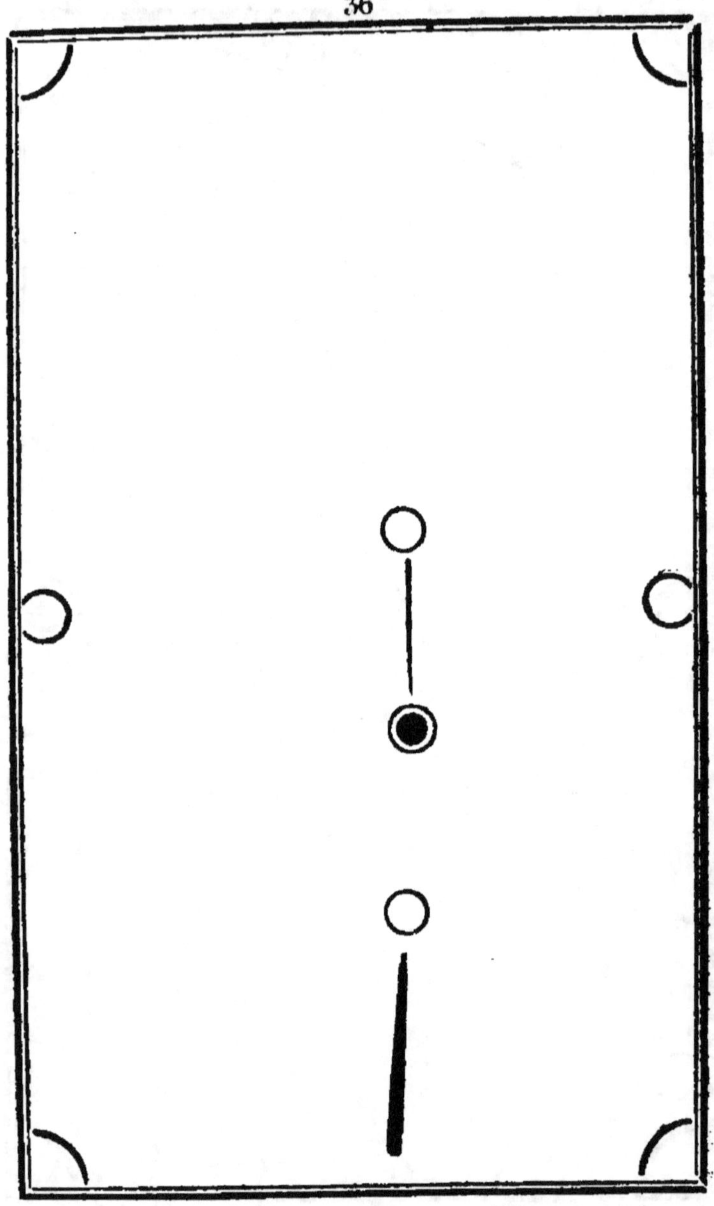

Frapper sa bille le plus bas possible en traînant la queue sur le tapis pour la faire sauter.

Frapper sa bille à gauche pour revenir à gauche
par 2 bandes.

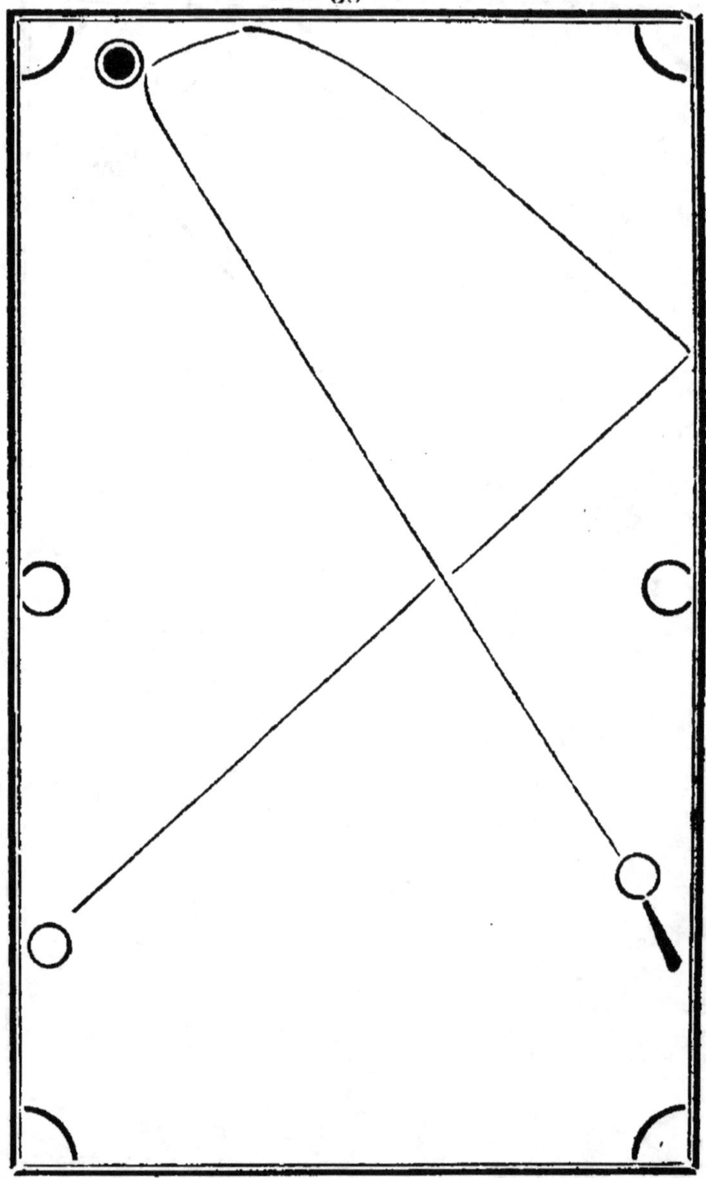

Frapper sa bille à droite et bas pour revenir à
gauche par les 2 bandes.

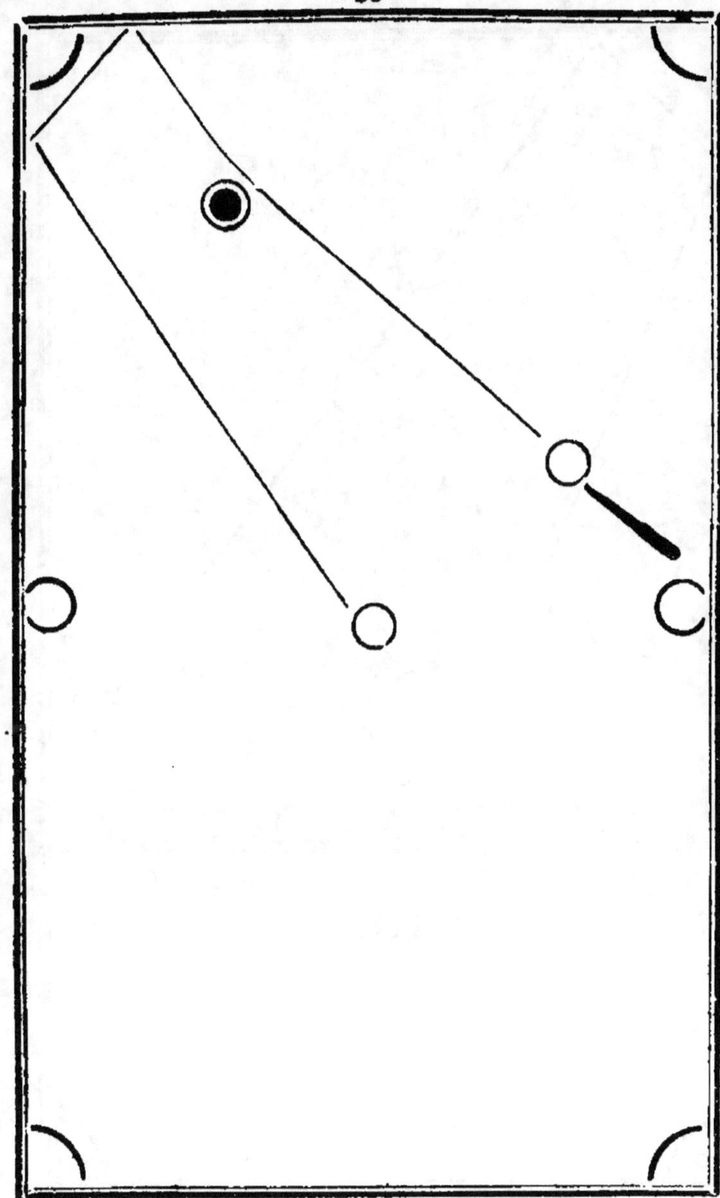

Frapper sa bille à gauche et haut, pour revenir à
droite par 2 bandes.

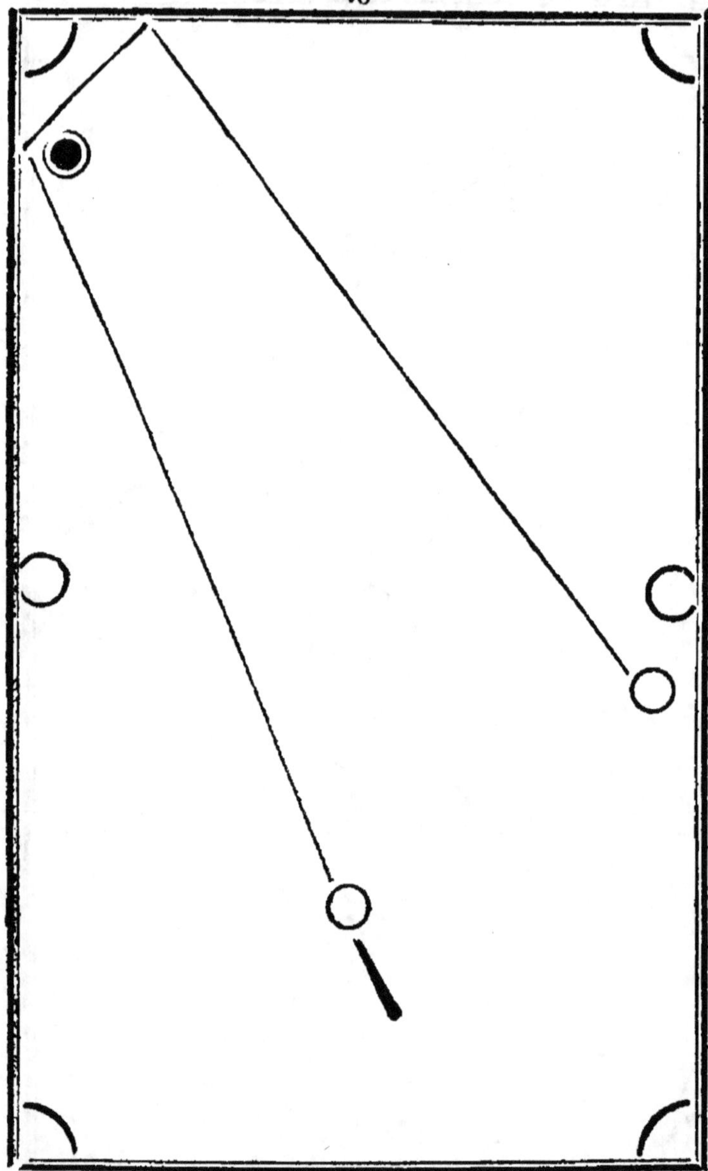

Frapper sa bille à droite, toucher la bande la première, pour revenir à droite.

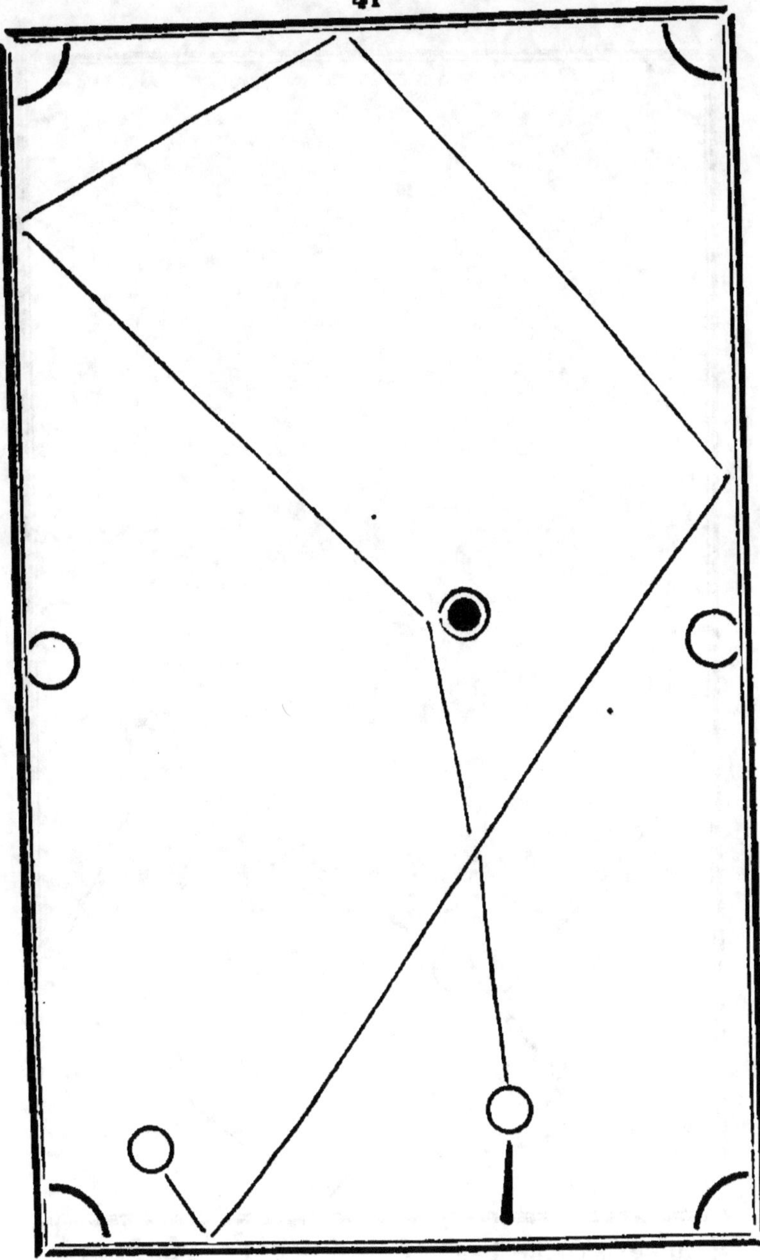

Frapper sa bille à droite, pour la faire revenir par les 4 bandes à gauche.

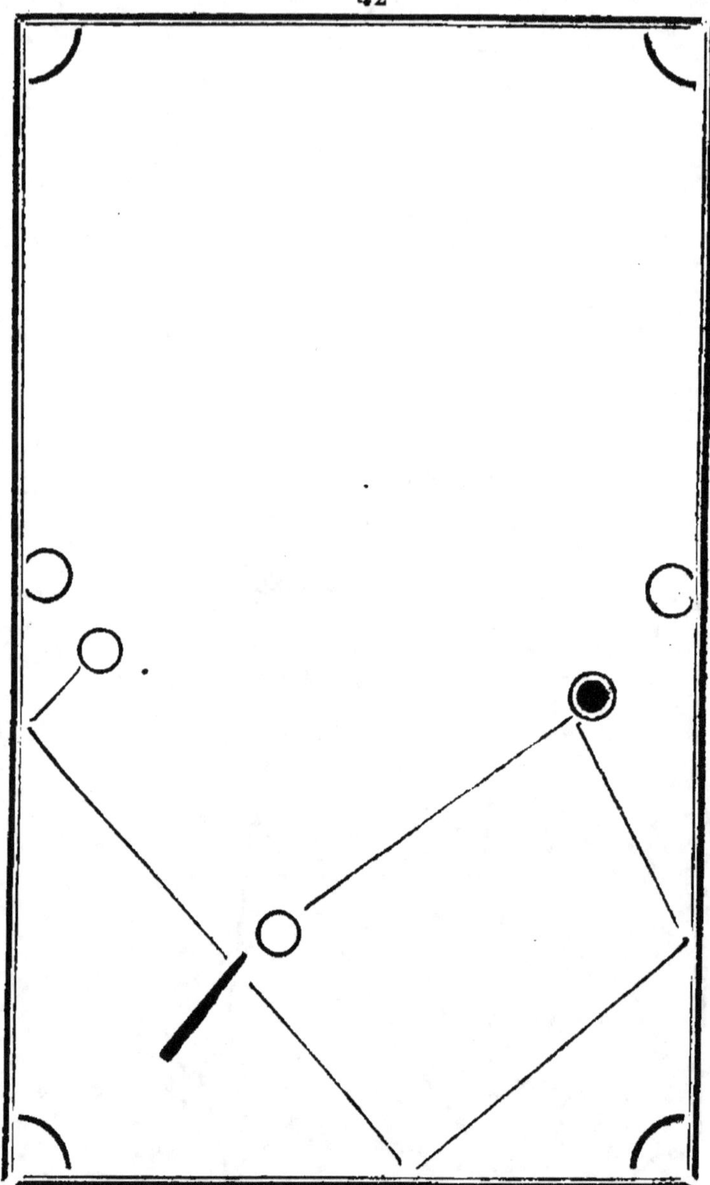

F rapper sa bille bas et à droite, pour la faire revenir par 3 bandes à gauche.

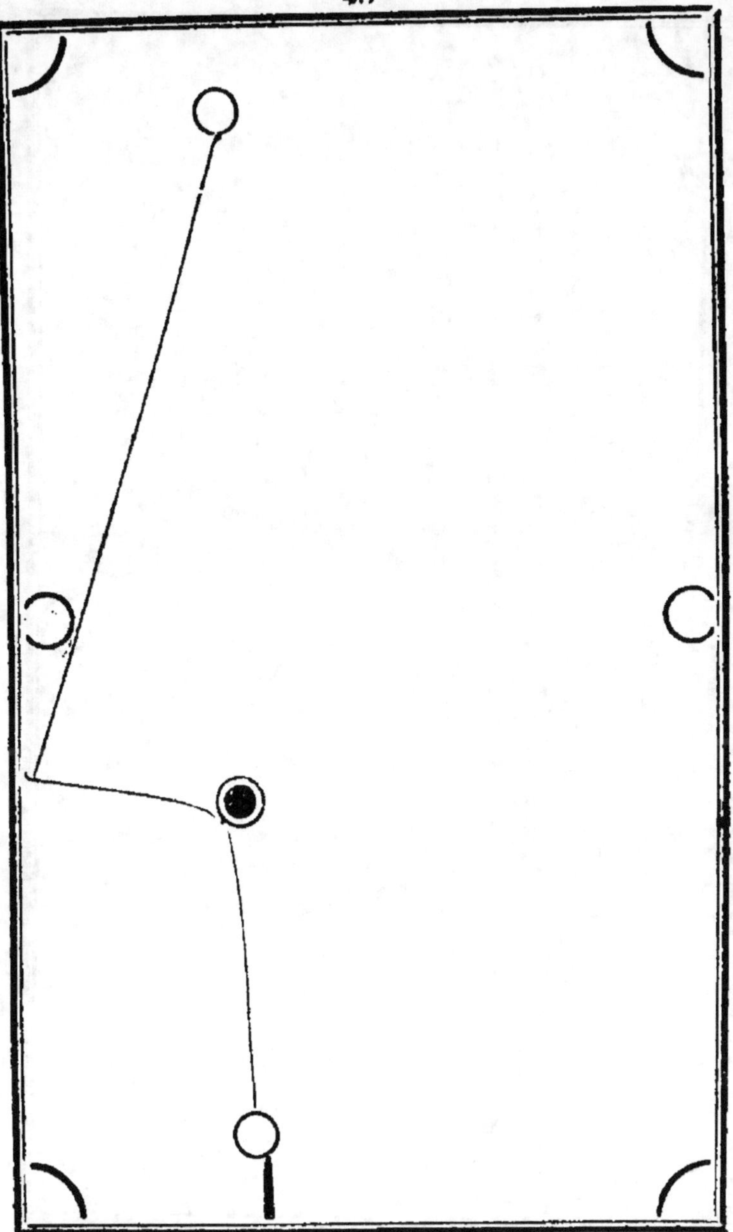

Frapper sa bille à droite, un peu bas pour toucher la bande.

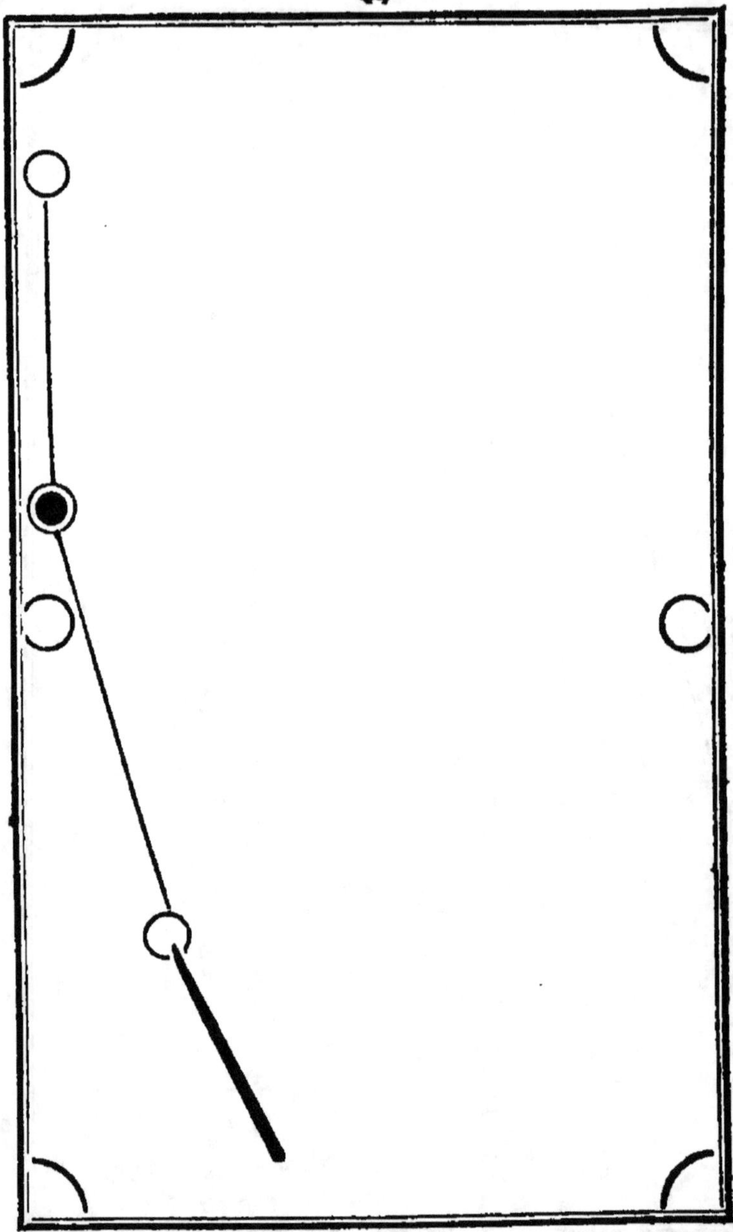

Frapper sa bille à gauche, en tête, pour obtenir le coup de 4.

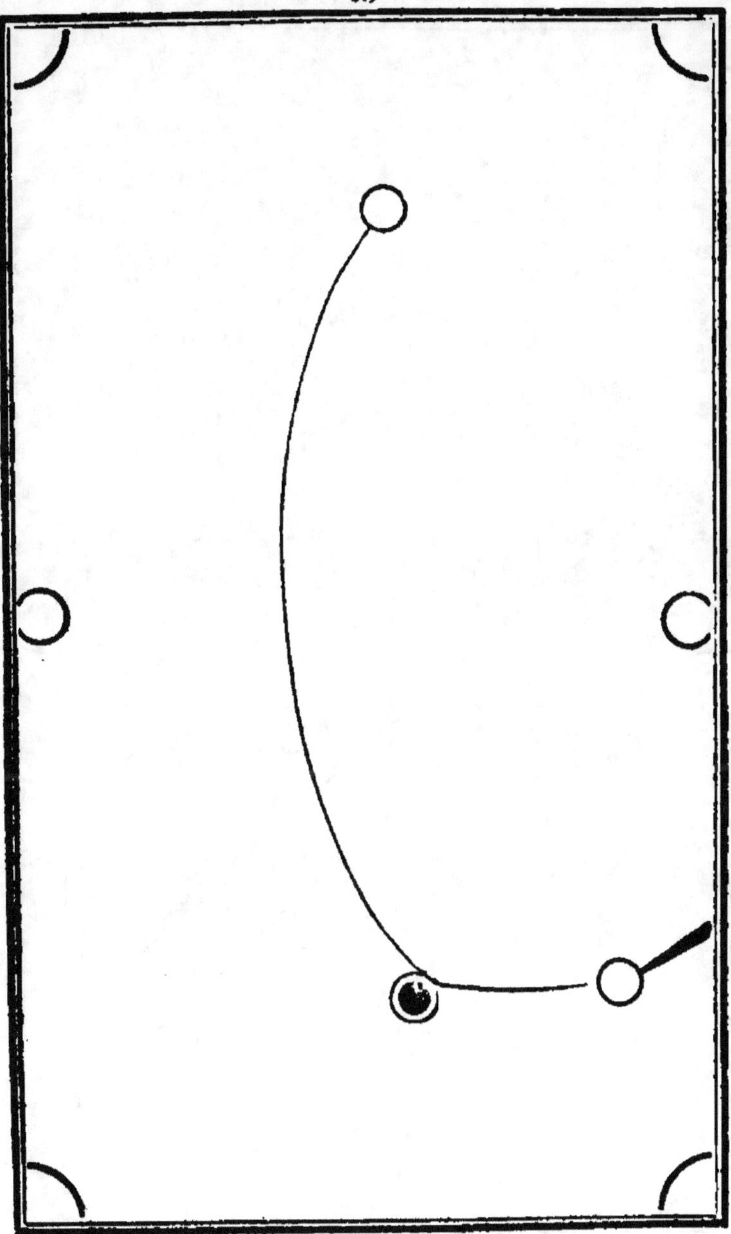

Frapper sa bille à droite et bas, pour aller à droite.

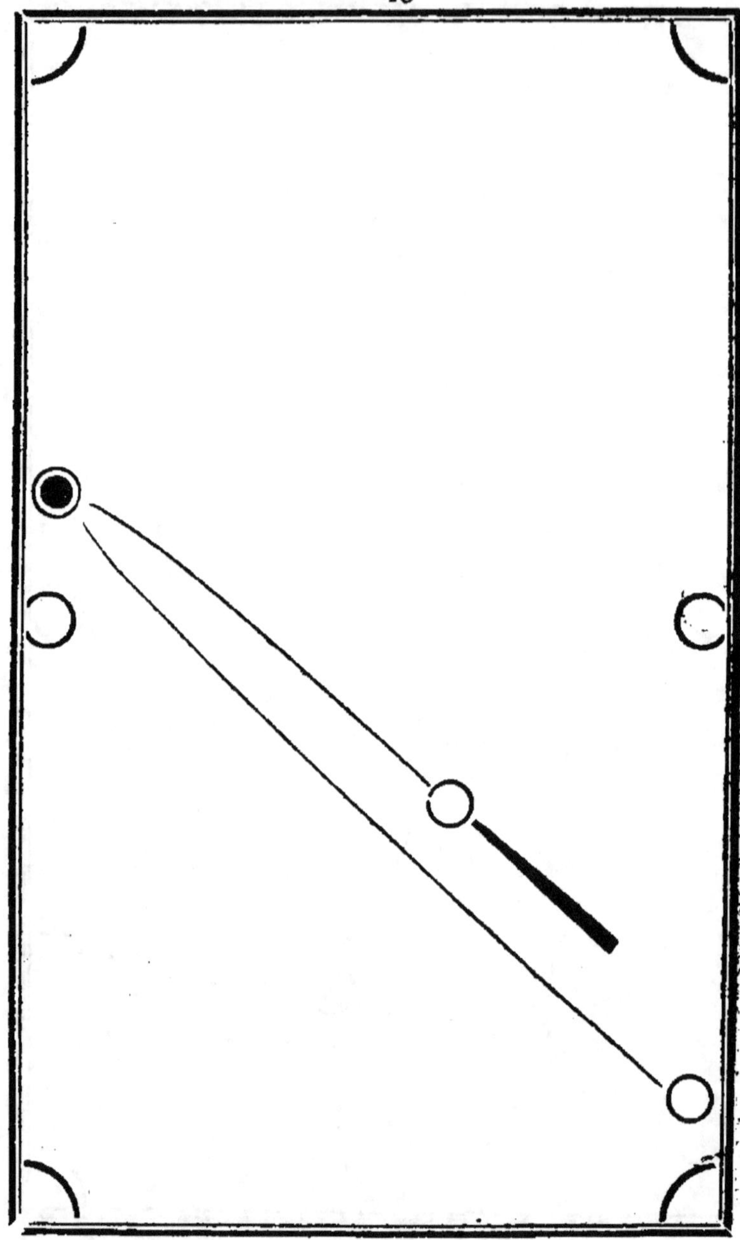

Frapper sa bille à gauche et bas pour qu'elle revienne à gauche.

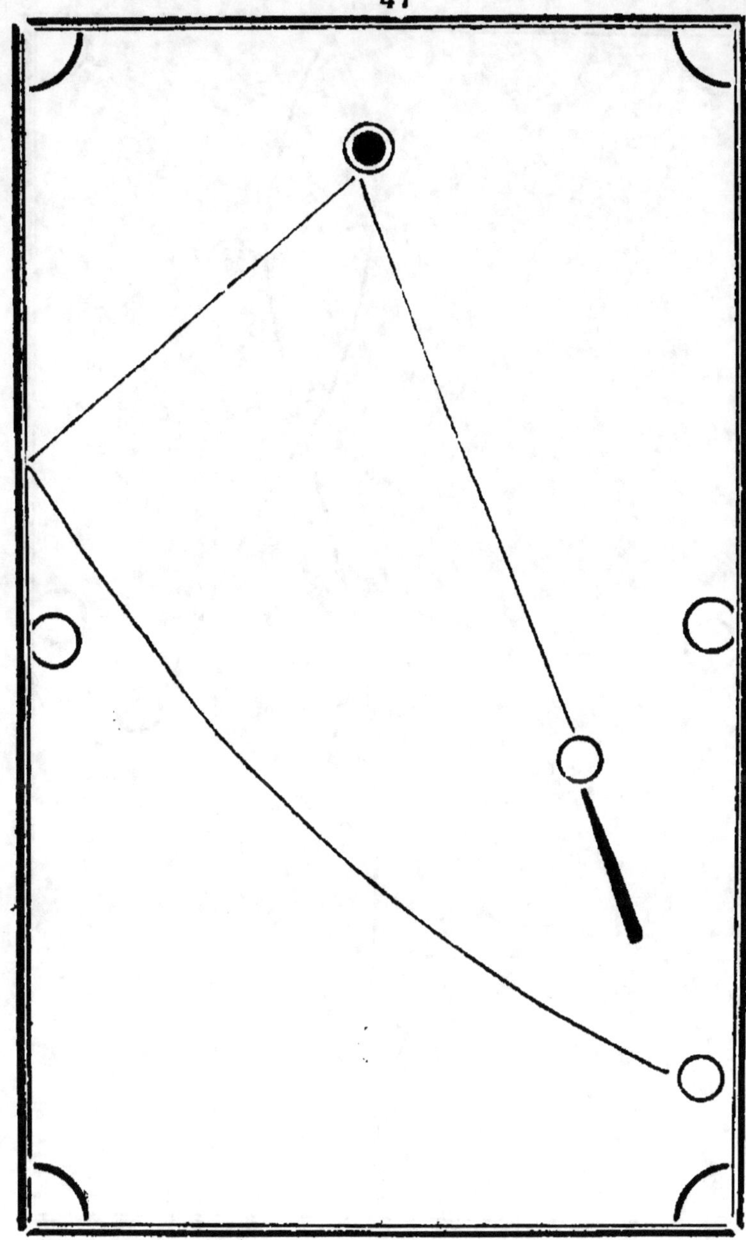

Frapper sa bille à gauche, bas et très fort, pour obtenir l'effet de la bande.

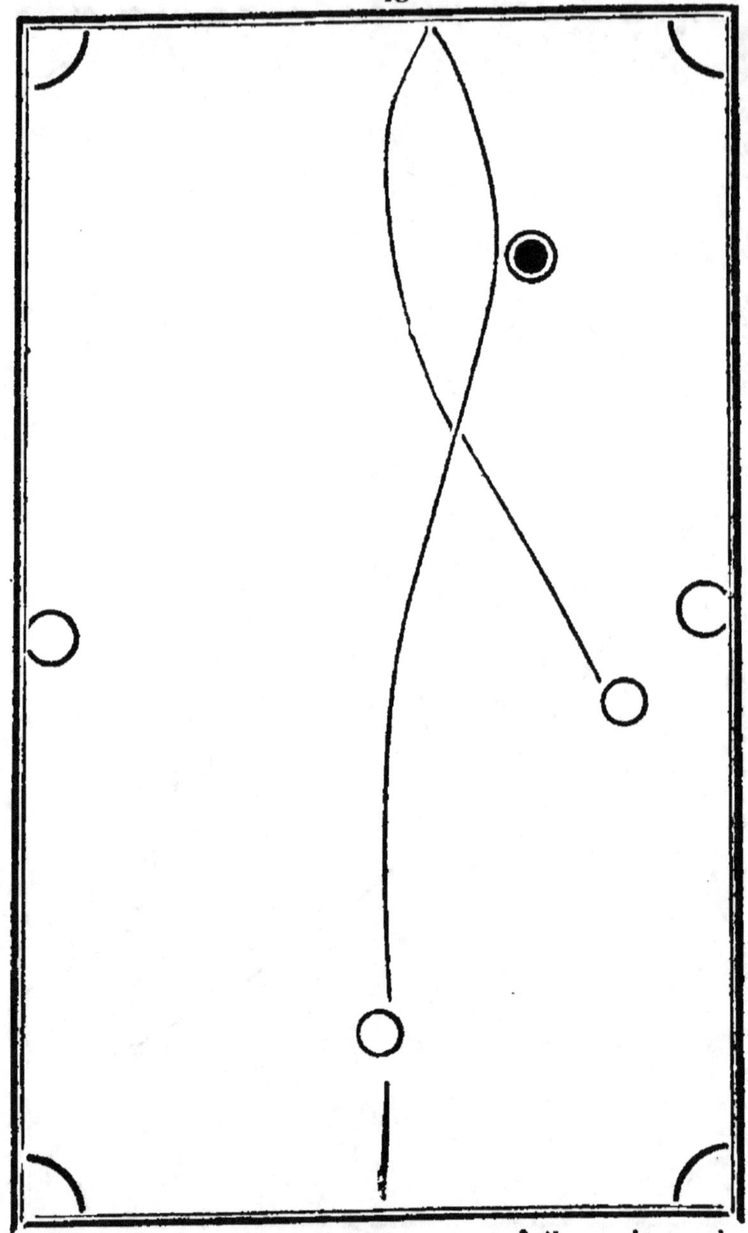

Frapper sa bille à droite. pour qu'elle revienne à droite par l'effet de la bande.

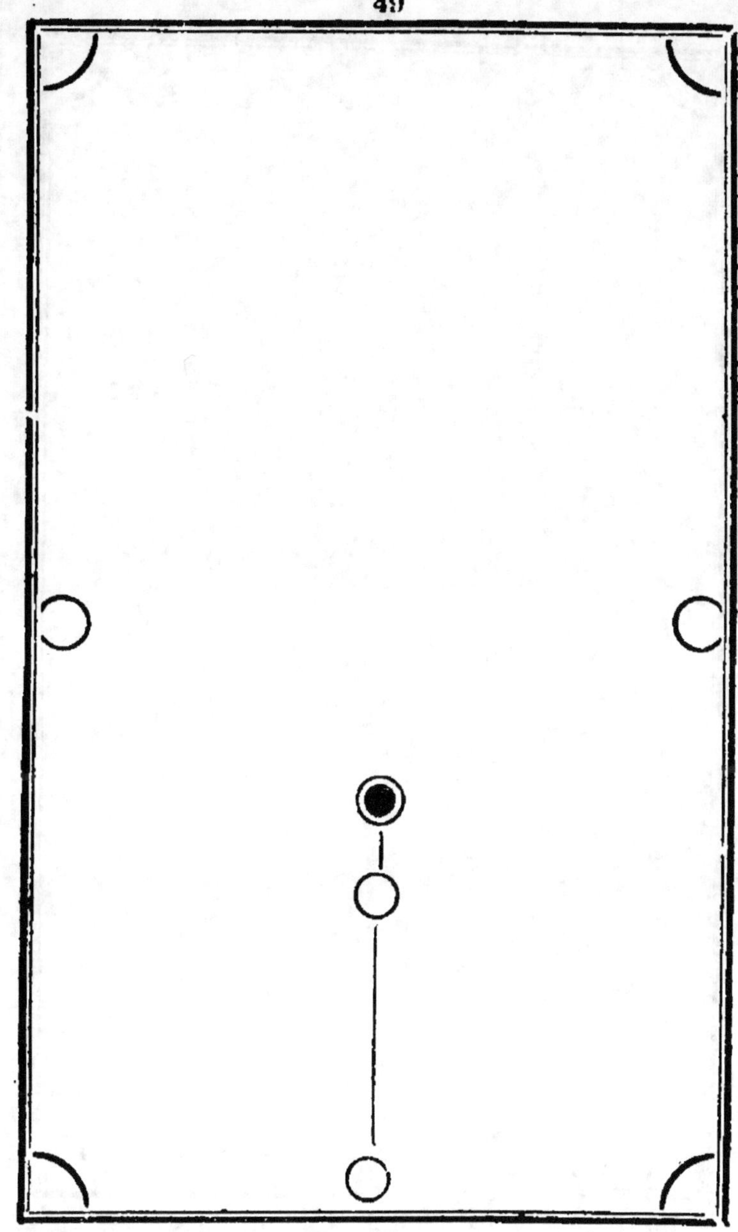

Pour masser sa bille, il faut tenir la queue perpendiculairement, pour faire effet de queue et ca-
ramboler.

4

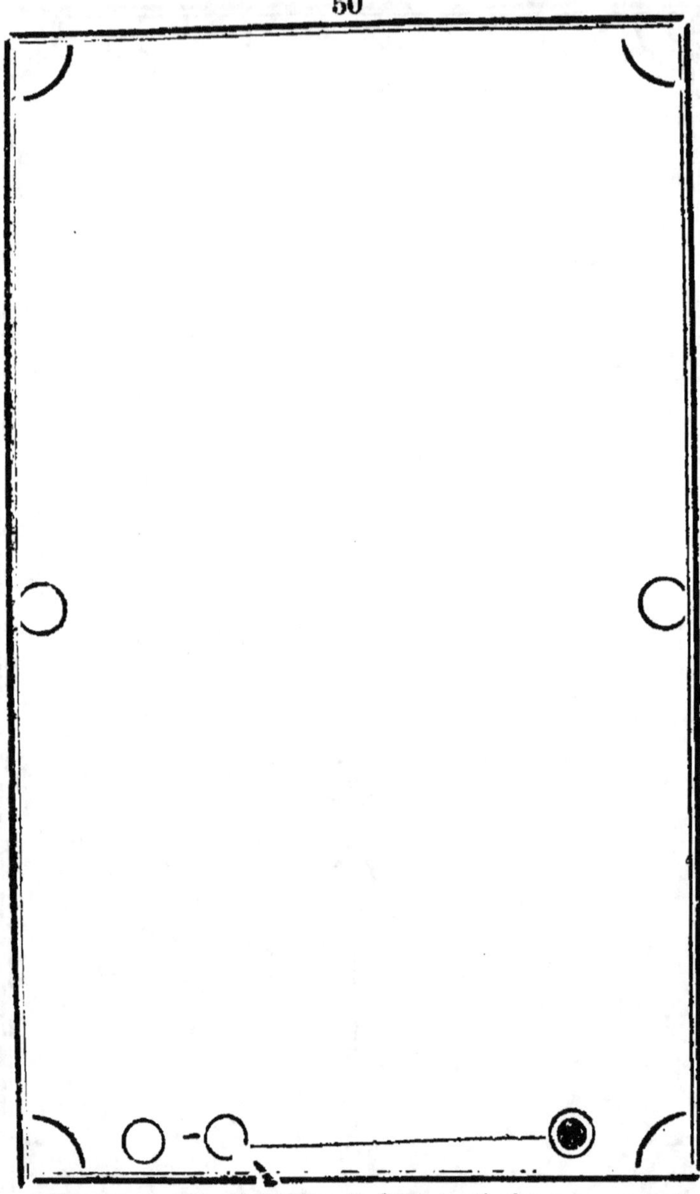

Pour masser sa bille, il faut tenir la queue perpendiculairement, pour obtenir le coup de 7 au même.

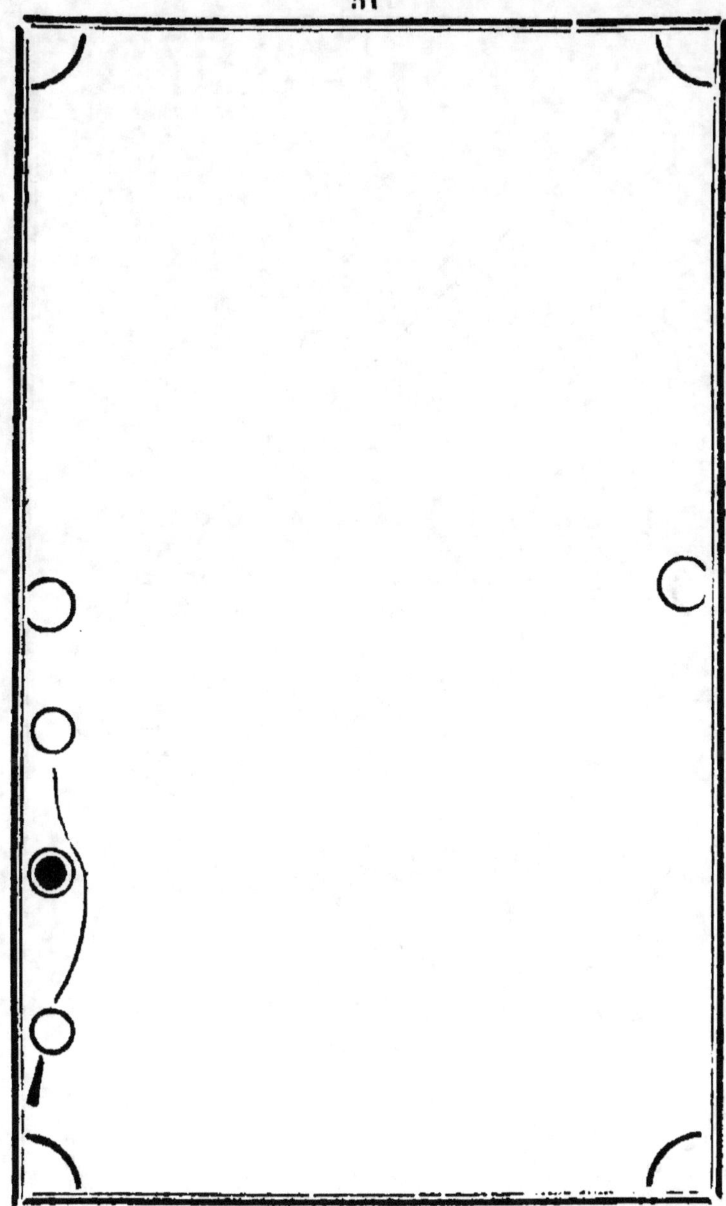

Frapper sa bille entre bille et bande, perpendiculairement, pour obtenir un demi-cercle et faire le
oup de 5.

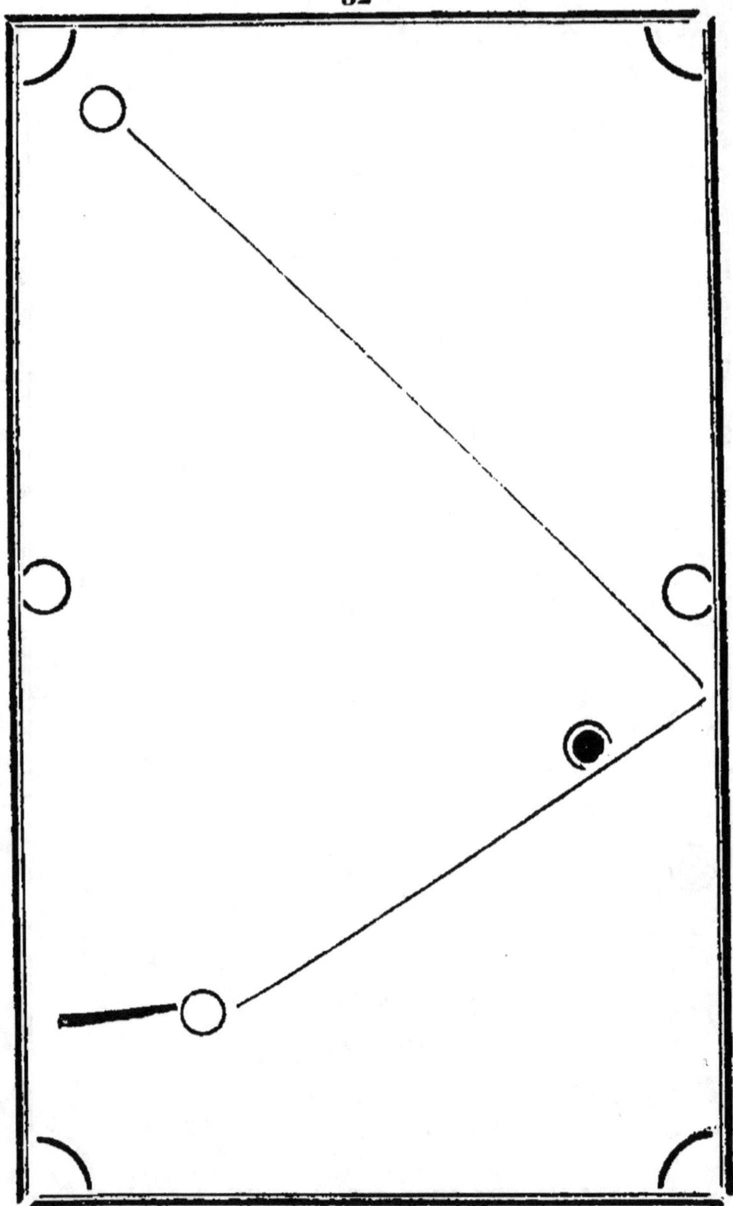

Frapper sa bille à gauche, pour revenir à gauche,
par l'effet de la bande.

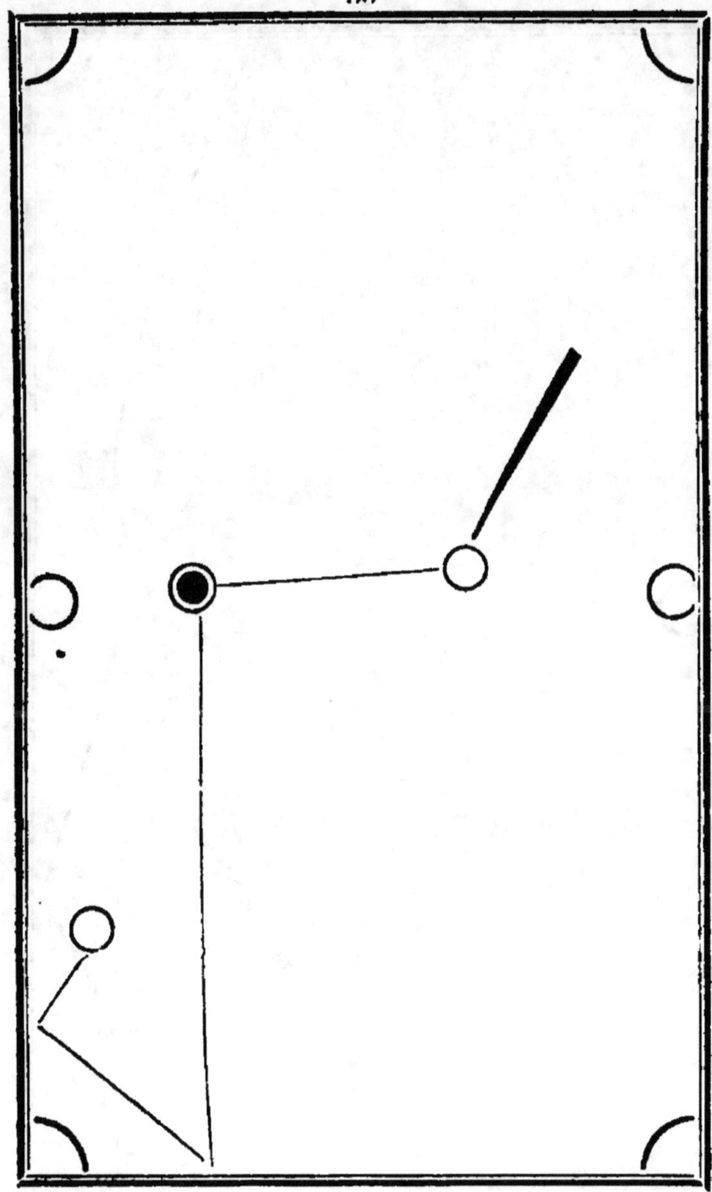

Frapper sa bille à droite pour obtenir l'effet de 2 bandes.

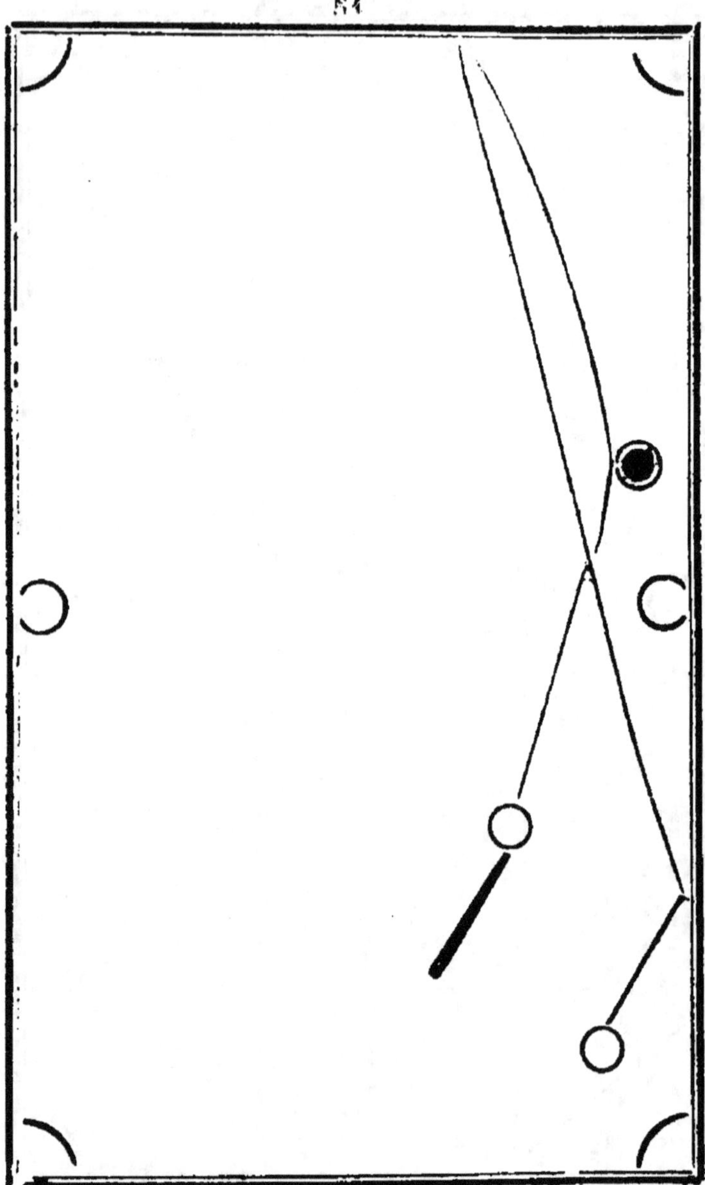

Frapper sa bille à droite, pour revenir à droite par 2 bandes.

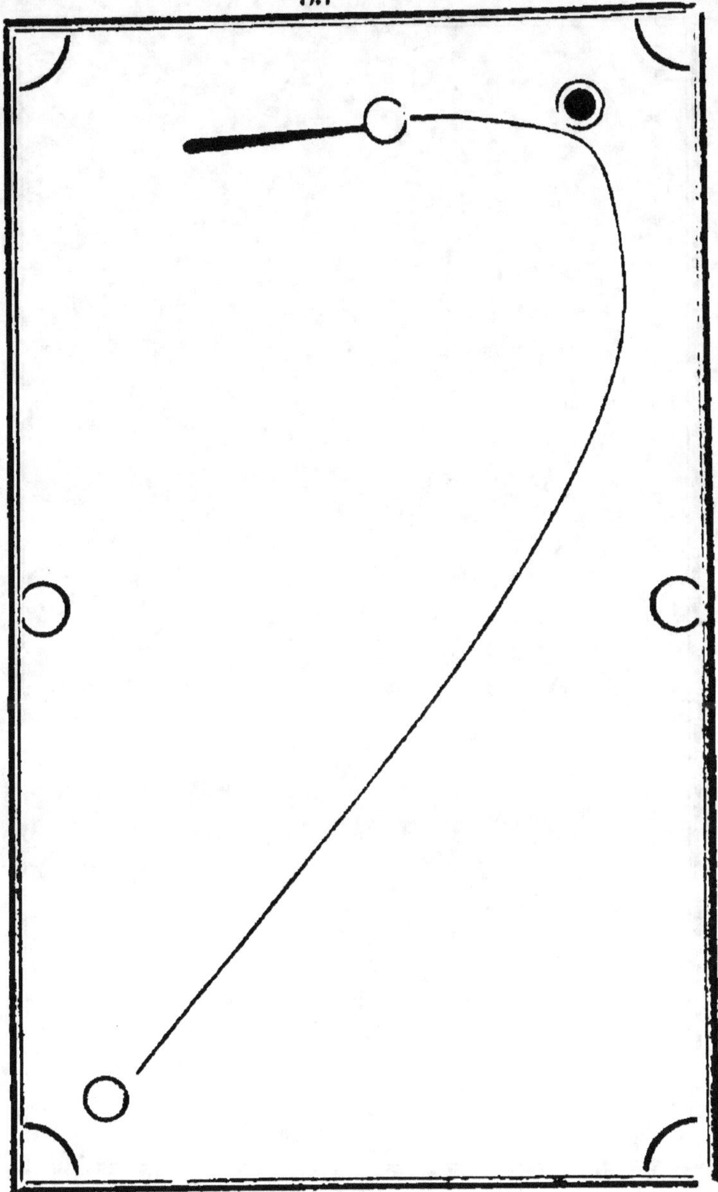

Frapper sa bille à droite et bas pour obtenir le coup de sept au même.

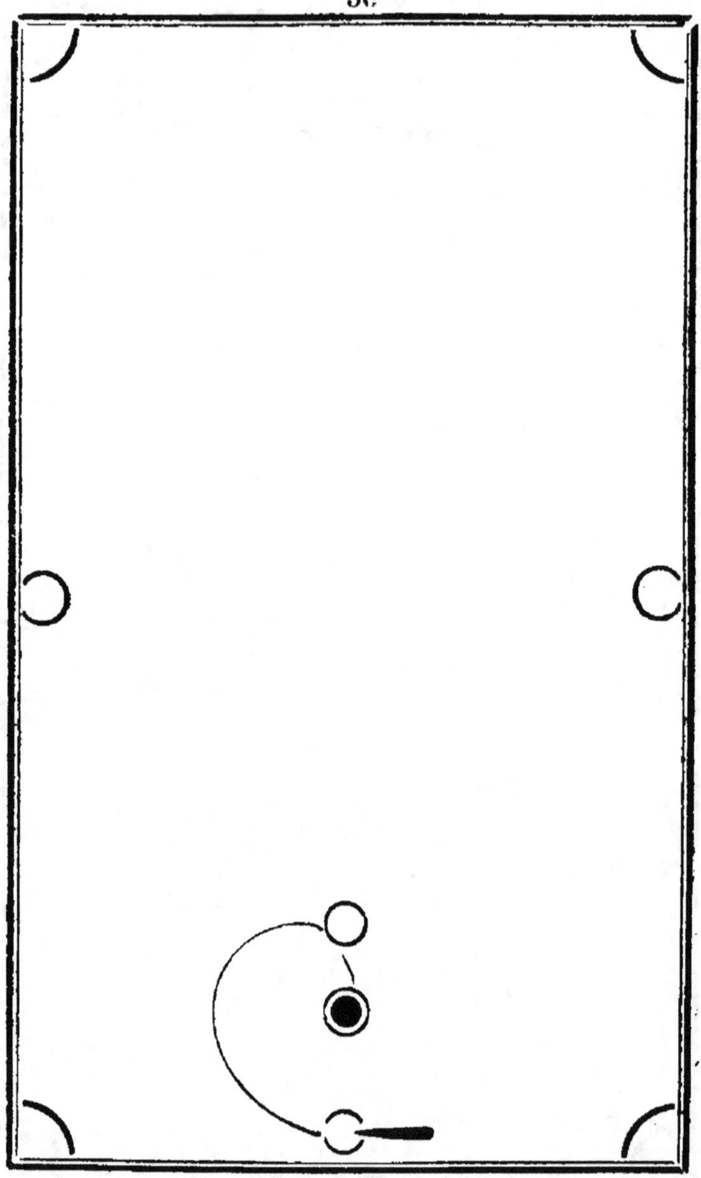

Pour masser sa bille, il faut tenir la queue perpendiculairement pour faire demi-cercle et caram-
boler.

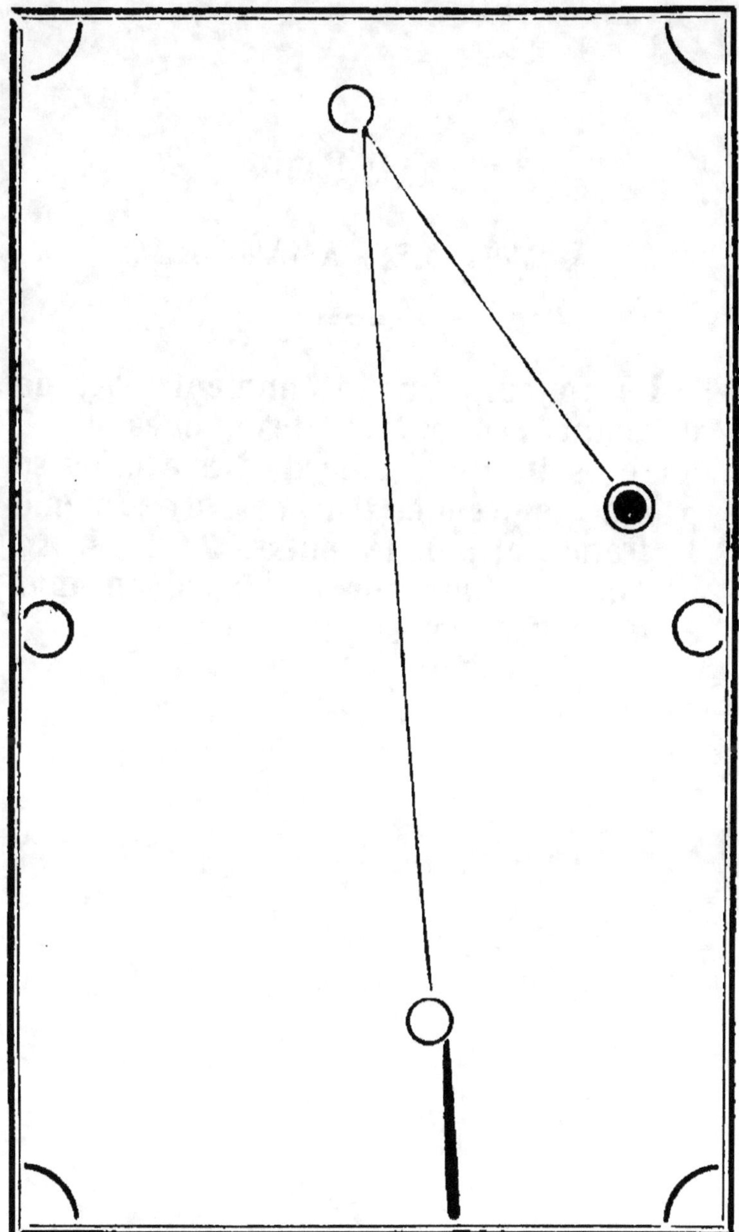

Frapper sa bille à droite bas et très fort pour ré
trograder à droite.

AVIS

A MM. LES AMATEURS.

———

Les joueurs sont instamment priés de
de point frapper avec les queues soit à
terre, soit sur le billard. Les accrocs se
payent, le premier 20 francs, le deuxième
10 francs, et tous les autres 5 francs. En
posant une bille sur le billard on doit
éviter de frapper sur le drap.

RÈGLES.

DU JEU DE BILLARD.

PARTIE ORDINAIRE.

ART. 1er. La partie ordinaire se joue en 20 points, avec 3 billes : une rouge et 2 blanches. La rouge faite, vaut 3 points : les blanches 2, et le carambolage 2. Il en est ainsi en cas de perte.

ART. 2. Les joueurs tireront le billard, en touchant la bande du haut ; celui dont la bille s'arrêtera le plus près de la bande du bas, jouera le premier, ou fera jouer son adversaire.

ART. 3. La rouge se place sur le point du haut. Le joueur en main place sa bille dans un demi-cercle de 12 pouces de diamètre, ayant le point du bas pour centre. Il doit avoir au moins un pied par terre, et le corps et les deux pieds dans le billard.

ART. 4. Le coup joué en contravention à la règle de l'article précédent, sera bon pour la perte et pour le gain, si le joueur n'a pas été averti ; mais, s'il a été averti, il perd un point et le coup est nul. Si la rouge a été faite, elle est remise sur le point ; si c'est la blanche, elle est remise en main.

ART. 5 Si le joueur, sans avoir été prévenu, a joué la bille de son adversaire, le coup est bon pour la perte et pour le gain ; mais il perd 3 points, s'il a joué malgré l'avertissement, et l'avantage de son coup. Les billes resteront où elles se trouveront sur le billard.

ART. 6. La bille que partage également la raie formant le bas du billard, est réputée en dedans. Le joueur ne pourra la toucher qu'après avoir touché la petite bande du haut. Il jouera de la même manière, si les deux billes sont dans le bas du billard.

ART. 7. Le joueur qui, sur le coup de bas, aime mieux perdre un point que de chercher à toucher, doit doubler le billard, c'est-à-dire toucher la bande du haut, puis celle du bas, pour remonter ensuite.

ART. 8. Le saut est nul, excepté pour la bille du joueur, qui perd 3 points, s'il a joué sur la rouge ; 2, s'il a joué sur la blanche, ou s'il a carambolé : en un mot, il perd autant de points qu'il en aurait gagné, si la bille n'eût pas sauté. La bille est réputée sautée, si elle est

restée sur la bande, ou si elle a été
renvoyée sur le billard.

ART. 9. Le joueur qui a perdu la partie peut jouer le premier, ou faire jouer
son adversaire. Celui qui abandonne la
partie la perd.

ART. 10. Quand la rouge est faite ou
sautée, le joueur doit attendre qu'elle
soit remise sur la mouche : s'il joue au-
paravant, il perd un point et l'avantage
de son coup.

ART. 11. Si le joueur qui a manqué
de touche dérange d'autres billes, il
perd autant de points qu'il a dérangé
de billes, en sus du point de manque.
Les billes dérangées sont remises à leurs
places.

ART. 13. Quand le joueur en main,
s'ajustant pour jouer sur une bille du
haut, dérange une bille du bas, il perd
un point et l'avantage de son coup. La
bille dérangée est remise à sa place.

ART. 13. Si, avant d'être ajusté, un
joueur dérange une ou plusieurs billes,
il perdra autant de points qu'il aura dérangé de billes, lesquelles seront remises à leurs places.

ART. 14. Le joueur qui souffle sur
une bille, ou remue le billard de manière à déranger l'effet du coup, perdra 3 points ; sa bille sera remise en

main ; les autres conserveront les positions qu'elles auront.

ART. 15. Si la bille est touchée par un étranger avant son choc contre une autre bille, le coup sera recommencé ; si la bille avait eu contact avec une autre bille la galerie déciderait le lieu où elle devrait être placée. La perte et le gain seraient comptés à qui de droit, si la galerie décidait qu'il doit y avoir bille faite ou carambolage.

ART. 16. Si le joueur queute, sa bille est relevée, et le coup est nul pour la perte comme pour le gain. Si les deux billes se touchent, elles sont remises en main ; ti la rouge est relevée, elle est remise sur la mouche.

ART. 17. Lorsqu'un joueur ne joue plus que pour un point, et que l'adversaire, ne se le rappelant pas, manque de touche exprès, la partie est remise en un point de plus ou le coup est recommencé à la volonté de celui qui gagne le point.

ART. 18. Quand la mouche du haut est occupée par une bille blanche, la rouge est placée sur la mouche du milieu. Si celle-ci est également occupée, elle est placée à la pénitence ; toutefois, elle est remise à sa place après le coup, si elle n'a pas été touchée.

Art. 19. Si une bille, très près d'une blouse, y tombe avant d'avoir été touchée par une autre bille, elle sera remise à la même place et le coup sera recommencé.

Art. 20. Lorsque deux billes se trouveront au dessus d'une blouse sans y entrer elles sont réputées dedans; le coup sera bon pour la perte comme pour le gain.

Art. 21. Si deux joueurs jouent de l'argent, le gagnant doit payer les frais, à moins que le gain soit insuffisant, dans ce cas, les joueurs paient le surplus par moitié.

Art. 22. Le joueur ne doit point toucher à la bille sur le tapis; s'il y touche, il perd un point, et elle est remise à sa place, si elle a été dérangée.

Art. 23. La galerie juge tous les coups imprévus, et à son défaut le maître du billard. S'il y a erreur de points, la galerie peut en avertir sans être consultée. Aucune surprise n'est admise dans le jeu de billard.

PARTIE DES TROIS BLOUSES.

ART. 1. Dans cette partie les joueurs se divisent le billard en longueur. Les joueurs tirent le billard : celui qui a le côté gauche laisse l'avantage à son adversaire.

ART 2. La partie se joue en 24 points, avec les Lilles de la partie ordinaire, et les joueurs doivent se placer dans le demi-cercle.

ART. 3, La perte et le gain se comptent, et l'adversaire ne gagne qu'un point, si le joueur se perd sans avoir touché.

ART. 4. Chaque joueur compte les billes qu'il fait dans ses blouses, et celles qu'y fait son adversaires.

ART. 5. Le joueur qui se perd dans ses blouses, après avoir touché la blanche, gagne 2 points; 3 s'il a touché la rouge; 4 s'il se perd, et fait la blanche, ou s'il se perd après carambolage; 6 points s'il se perd et fait la rouge.

ART 6. Si le joueur se perd sur un coup de 4, il compte 6 points; 7, s'il se perd sur un coup de 5; neuf sur un coup de 7. Il faut, toutefois, que les points

et les pertes se fassent dans les blouses de celui qui les compte.

Art. 7. Si un joueur, ayant fait des points dans ses blouses, fait bille ou se perd dans celles de son adversaire, tous les points faits et la perte comptent à ce dernier.

Art. 8. Pour les autres coups, ayez recours aux règles de la partie ordinaire.

PARTIE DES CINQ BLOUSES.

Art. 1. Cette partie se joue en 15 points.

Art. 2. Le joueur qui sauve 5 blouses ne compte que les billes qu'il fait dans sa blouse; il compte aussi le carambolage et les fautes de son adversaire. S'il se perd dans la sienne, sans avoir touché, il ne perd qu'un point; s'il se perd ayant fait des points, il ne perd rien encore, et il compte tous les points faits sur le coup; mais s'il se perd dans l'une des autres blouses, il perd deux points s'il a touché la blanche et trois s'il a touché la rouge. S'il a fait bille dans sa blouse ou carambolé, il perd autant de points qu'il en aurait gagnés.

Art. 3. Le joueur à qui l'on sauve

cinq blouses ne compte aucun des points faits dans celle de son adversaire ; s'il s'y perd, l'adversaire compte tous les points que le joueur aurait gagnés.

ART. 4. Le joueur qui sauve cinq blouses à perte et à gain compte toutes les billes qui entrent dans sa blouse, qu'elles soient faites par lui ou par son adversaire.

ART. 5. Si un joueur sauve cinq blouses, à perte et à gain, réciproquement, la partie se joue en 20 points. Si l'un des joueurs, ayant fait bille dans sa blouse, se perd dans celle de son adversaire, le gain compte à ce dernier. Il en est de même, s'il a fait bille dans la blouse de son adversaire, et se perd dans la sienne. Quand un joueur fait des points et se perd dans sa blouse, il compte les points faits, plus deux points, s'il a fait la blanche ou carambolé, 3 points, s'il a fait la rouge.

ART. 6. Lorsque deux joueurs se sauvent réciproquement cinq blouses, la partie se fait en douze points.

PARTIE BLANCHE.

Art. 1. Cette partie se joue en douze points, avec 2 billes blanches, valant deux points chacune.

Art. 2. On tire comme à la Poule, à qui donnera l'acquit. Le joueur doit se placer dans le demi-cercle.

Art. 3. L'acquit donné au-dessous des blouses du milieu, est bon, si la bille a touché la bande du haut; si elle rentre dans le quartier, elle est mise à la pénitence.

Art. 4. Le joueur qui manque de touche, perd un point, et lorsqu'il se perd même sans toucher, il en perd deux.

Art. 5. Si les joueurs relèvent leurs billes, celui qui en a fait la proposition doit donner l'acquit.

PARTIE BLANCHE
AU DOUBLET.

La partie blanche au doublet se joue en huit points. Les joueurs se conformeront aux règles du doublet franc de la poule.

PARTIE DU DOUBLET FRANC.

Art. 1, Cette partie se joue sans bricole ni coup de talon et sans billes faites l'une par l'autre. Elle se joue en 12 points, à suivre, et sans suivre, en 16.

Art. 2. Les billes faites au contre-coup comptent.

PARTIE A SUIVRE.

Art. 1. La partie à suivre se joue en 24 points, et avec les trois billes de la partie ordinaire, qui ont la même valeur.

Art. 2. Le joueur qui fait des points continue à jouer jusqu'à ce qu'il n'en fasse plus : son adversaire joue alors et continue aussi tant qu'il fait des points.

PARTIE DE DÉCOMPTE.

Art. 1. Cette partie se joue comme la précédente : mais le joueur qui décompte doit faire ses 24 points sans que son adversaire ait fait une bille ou un carambolage.

Art. 2. Si le joueur qui décompte se perd ou manque deux fois de touche de suite, il décompte; il décomptera aussi si l'adversaire fait une bille ou un carambolage. Le joueur qui décompte n'a plus de points, et l'adversaire compte toujours les siens.

PARTIE RUSSE.

—

Cinq billes : une rouge, une jaune, une bleue et deux blanches.

Art. 1er. La partie russe se joue en 40 points et à suivre.

Art. 2. La rouge se place sur la mouche du haut, la jaune sur celle du milieu et la bleue sur la mouche du bas. Le joueur en main ne pourra toucher la bleue qu'après avoir touché la bande du haut.

Art. 3. Le premier joueur donne l'acquit. S'il touche une ou plusieurs billes, il perdra autant de points qu'il en aura touché; les billes dérangées seront remises à leurs places et l'acquit sera recommencé.

Art. 4. Celui qui joue le second ne peut tirer que sur l'acquit; s'il touche d'autres billes avant d'avoir touché la blanche, il perd autant de points qu'il en aura touché; s'il faisait bille ou s'il carambolait, il perdrait autant de points qu'il en aurait gagné, si le coup eût été bon. S'il se perdait en ne touchant qu'une des billes, sa perte serait de la valeur de la bille touchée.

Art. 5. Si, après bille faite, celle du joueur occupe la mouche, la bille faite sera placée au milieu et à 6 pouces de distance de la bande la plus éloignée de la bille du joueur. Si la bille de ce dernier se trouvait à la hauteur des blouses du milieu, la bille serait mise à la pénitence.

Art. 6. La rouge et la bleue ne peuvent être faites qu'aux quatre coins, et la jaune qu'au milieu. La bille blanche est bonne partout, et le carambolage est bon aussi sur toutes les billes. La rouge et la bleue comptent pour quatre points, et la jaune pour six. Si elles sont faites ailleurs que dans leurs blouses, elles comptent à l'adversaire.

Art. 7. Si la place d'une bille faite est occupée, et que les deux autres soient libres, on les place ainsi qu'il suit : si c'est la rouge, on la met sur la mouche du bas; si c'est la bleue, sur la mouche du haut; elles ne pourront être mises sur la mouche du milieu qu'autant que celle-ci serait seule vacante. Ces trois mouches occupées, la boule blanche sera mise à la pénitence, enfin, si la place de la jaune est occupée, elle sera mise sur la mouche la plus éloignée de celle du joueur. Si la bille du joueur était à une égale distance des mouches disponibles, comme si elles étaient occupées, on la placerait à la pénitence. Si par l'effet du coup la jaune n'a pas été dérangée, elle sera placée sur la première mouche disponible, et de préférence sur celle du milieu, ce qui aura lieu ensuite si le premier coup n'en a pas formé l'occasion. Ce dernier paragraphe s'applique aussi aux autres billes de couleur.

PARTIE A ÉCRIRE

ET A SUIVRE.

--

ART. 1er. Toutes les règles de la partie à suivre s'appliquent à celle-ci. Elle se joue en 8 marqués. Chaque marqué est de 12 points, plus 2 de consolation.

ART. 2. La petite bredouille double le marqué et les points de consolation.

Elle appartient au joueur qui le premier fait 3 points. Celui-ci la perd quand son adversaire prend à son tour 3 points; il peut la gagner de nouveau en faisant trois autres points.

ART. 3. Si la bredouille n'est prise par aucun des joueurs la partie se joue comme la partie ordinaire, en conservant cependant la consolation à chaque marqué.

ART. 4. La grande bredouille quadruple le marqué et les points de consolation; elle se perd comme il est dit pour la petite.

ART. 5. Le premier postillon que l'on prend, lorsque l'adversaire a été marqué cinq fois, vaut 28 points; les 3 autres ne valent que chacun 8 points.

ART. 6. La queue vaut 20 points; elle est gagnée par le joueur qui a gagné le plus de points : un point suffit pour la faire gagner.

ART. 7. Les joueurs comptent à chaque partie leurs fiches, et en font un décompte. La fiche vaut 10 points.

PARTIE RUSSE A ÉCRIRE.

—

ART. 1er. Cette partie se joue en 8 marqués : le marqué est de 20 points, et 4 points de consolation.

ART. 2. On prend et on annulle la petite bredouille par 4 points.

ART. 3. Le premier postillon vaut 36 points, et les autres chacun 12 : consultez au reste les règles de la partie à écrire.

———

PARTIE DE LA PERTE.

—

ART. 1er. La bille rouge se place sur une mouche située à 6 pouces de la bande du haut. Les joueurs jouent la perte et le gain doubles, ou la perte et le gain simples, ou la perte seulement.

ART. 2. A perte seule, le joueur ne compte les points qu'il fait que si la bille se perd. A perte et gain simples, les points faits comptent au joueur, qui, s'il se perd, comptera aussi sa perte, il comptera donc 6 points, s'il fait la rouge et se perd à perte et à gain doubles : il compte les points qu'il a faits, et, s'il se perd, il double les points faits, ainsi s'il se perd ayant fait 5 points, il en gagne dix.

PARTIE DE COMMANDE.

—

ART. 1er. Le joueur commandé aoit jouer sur la bille qui lui est désignée.

ART. 2. S'il ne touche pas la bille désignée, il perd un point et l'avantage du coup; la bille touchée est remise à sa place; s'il se perd sans avoir touché la bille commandée, il perd 3 points.

ART. 3. Lorsque la bille du joueur n'a pas dépassé la bille désignée, et ne touche pas la bande la plus voisine, l'adversaire peut faire recommencer le coup.

PARTIE DE LV POULE.

—

Elle se joue avec deux billes.

ART. 1. Les mises déposées et les joueurs rangés autour du billard, le marqueur mettra dans une urne autant de billes qu'il y aura de joueurs; il les agitera et les distribuera à chacun, en commençant par sa droite. Il nommera à haute voix le numéro de chaque bille, lequel déterminera le rang des joueurs. Chaque joueur sera marqué sur l'ardoise au numéro de la bille qu'il aura reçue.

ART. 2. Si plusieurs personnes, pendant le premier tour, veulent entrer à la poule, il sera fait par elle un nouveau tirage. Elles entreront sans marque, bien que d'autres jouenrs soient déjà marqués Après le premier tour, on ne pourra plus entrer que de l'agrément des autres joueurs, et en prenant autant de marques que celui qui en a le plus.

ART. 3. Si chacun des joueurs a reçu sa bille à son tour, les paris sont bons, même qnand le marqueur se serait trompé, soit dans le nombre des billes remises dans l'urne, soit dans les numéros. Toutefois le joueur sera marqué au tableau sous le numéro qui aurait dû lui échoir.

ART. 4. Nul ne pourra changer de numéro ni jouer pour un autre, si ce n'est en prenant à faire.

ART. 5. Le joueur mort le premier peut, s'il y a plus de cinq joueurs, rentrer sous le même numéro en mettant une nouvelle mise, et en prenant autant de marques que celui qui en a le plus.

DE L'ACQUIT.

—

ART. 6. Le joueur qui a l'as donne l'acquit, qui doit, d'un seul coup de queue, dépasser les blouses du milieu. S'il trouve sa bille mal placée, il peut la mettre à la pénitence. Elle y est mise de droit lorsque l'acquit n'a pas dépassé les blouses du milieu. Le joueur en main doit avoir les deux pieds dans le billard.

ART. 7. Le numero 2 jouera sur l'as, le numéro 3 sur le 2, ainsi de suite.

ART. 8. Si celui qui doit jouer sur un acquit donné vend sa bille, l'acquit peut être recommencé même quand la bille a été mise à la pénitence, elle y restera cependant si elle y a été placée pour n'avoir pas dépassé les blouses du milieu.

ART. 9. Après bille faite, saut ou manque de touche, les billes sont relevées, et le joueur suivant donne l'acquit.

ART. 10. Le joueur prendra une marque s'il a manqué de touche, s'il a fait sauter la bille, s'il a queuté, s'il a touché ou dérangé sa bille, s'il a dérangé une bille roulante ou arrêtée à moins que le coup ne soit mauvais.

Art. 11. Tout joueur peut prendre à faire mais s'il ne fait pas la bille, il prend une marque, le joueur peut se charger de faire la bille, mais, s'il ne l'a fait pas, il est marqué lui-même.

Art. 12. Toute bille faite est marquée, s'il n'y a pas eu faute.

Art. 13. Les conseils sont interdits : si l'un des joueurs conseille de prendre à faire et que par suite la bille soit faite, il sera aussi marqué lui-même. Si une bille est faite par suite des conseils d'un joueur, le possesseur de cette bille pourra exiger que le conseilleur prenne également une marque.

Art. 14. Celui qui n'a qu'une marque peut s'opposer à la prise à faire par un joueur qui n'a plus qu'une marque à prendre. S'il n'y a pas eu d'opposition, le coup sera bon.

Art. 15. Si plusieurs veulent à la fois prendre à faire, celui qui aura parlé le premier aura la préférence.

DE L'ACHAT ET DE LA VENTE
DES BILLES.

Art. 16. Il est permis de vendre sa bille, pourvu que celui qui l'achète ait fait partie de la poule ; mais le vendeur ne peut reprendre sa bille. Il ne peut même pas en acheter une autre avant que la sienne ne soit rayée du tableau. Celui qui achète une bille la prend dans l'état où elle se trouve.

ART. 17. La bille vendue mise ou se paie, en cas de gain, la moitié de la poule, et en cas de perte, la mise seulement.

ART. 18. La bille vendue mise et se paie, en cas de perte, la mise seule, et en cas de gain, la mise prise sur la masse, plus la moitié de ce qui reste.

ART. 19. La bille vendue moitié partout se paie en cas de gain, la moitié de la poule, et en cas de perte, la moitié de la mise.

ART. 20. La bille vendue, mise en poche, et se paie, en cas de gain, moitié de la poule, plus une mise, et en cas de perte, la mise seule.

DISPOSITIONS GÉNÉRALES.

ART. 21. Lorsque deux billes se touchent, elles sont relevées, et le joueur dont c'est le tour donne l'acquit.

Art. 22. Si le joueur fait sauter la bille sur laquelle il joue, les billes sont relevées, et le joueur suivant donne l'acquit.

Art. 23. Si les deux billes roulant, l'une d'elles sont dérangées, elles sont remises en main, et le joueur donne l'acquit, si sa bille a été dérangée, mais si c'est l'autre bille, l'acquit est donné par le joueur suivant.

Art. 24. Si les billes arrêtées sont dérangées, elles sont remises à leurs places par le marqueur, qui prendra l'avis de la galerie.

Art. 25. Le joueur qui n'ayant plus qu'une marque à prendre, dérangera exprès une bille, ne pourra plus rentrer à la même poule. Les billes seront remises en place.

Art. 26. On ne peut revenir sur un coup si, sans réclamation, un autre coup a été joué depuis.

Art. 27. Celui qui a joué sans que ce fut son tour à jouer régulièrement, s'il n'a pas été averti. Le numéro suivant joue après; ainsi de suite.

Art. 28. Quand trois joueurs défendent une poule, ils peuvent la remettre une fois; s'il n'en reste plus que deux, ils peuvent la remettre deux fois.

ART. 29. Le joueur qui défend la poule ne peut en sauver plus de la moitié; s'il vend ou sauve la moitié de la poule, l'adversaire peut partager avec lui.

ART. 30. Les paris faits sur une bille sont bons, qu'elle ait été ou non vendue.

ART. 31. Il est défendu de s'associer pour faire perdre ou gagner tel ou tel joueur.

ART. 32. Le montant de la poule, moins les frais, appartient au dernier restant.

MEULAN.—IMPRIMERIE DE A. MARD.